LYLA WARD
Wo ist meine Lesebrille?

Buch

Irgendjemand hat plötzlich entschieden: *Alt sein* ist in. Seitdem hagelt es neue Generationsbeschreibungen: Von den »Junggebliebenen« ist die Rede, von »Silver Agern« oder sogar von den »Best Agern«. Allerdings nur, solange die »Betroffenen« nicht alt und tattrig daherkommen. Aber ist es wirklich so schrecklich, älter zu werden?

Ja und Nein sind die Antworten, die die amerikanische Journalistin Lyla Ward (selbst stolze Mittsiebzigerin) darauf gibt. Zwar werden die Knochen steif und das Gehör schlecht, aber gleichzeitig gewinnt man ungeheuer viel Zeit, Freude und Gelassenheit. Schließlich muss man sich nicht mehr ständig beweisen.

Vor allem aber ist es an der Zeit, nicht mehr nur gut erhaltene Mittvierziger und andere Altersspezialisten über diese unausweichliche Tatsache reden zu lassen, sondern selbst den Mund aufzumachen. Mit viel Humor, Witz, Wut und Lebensfreude erzählt Lyla Ward von ihren Erfahrungen zu Themen wie Altern, Gesundheit, Enkelkinder, Technik, Vergangenheit und Gegenwart.

Ein Buch für alle, die wissen: Mit 40 fängt das Leben an, und mit 66 ist noch lange nicht Schluss. Und für diejenigen, die mit Humor zu sich und ihren Erfahrungen stehen und daher selbstbewusst ausrufen: Kommt ihr erst mal in mein Alter …

Autorin

Lyla Blake Ward schreibt seit mehr als 60 Jahren für Zeitschriften wie *The Wall Street Journal, The Washington Post, Good Housekeeping, The Chicago Tribune* u.a. Gemeinsam mit ihrem Mann hat sie eine PR-Agentur und einen Partyservice geführt. Sie lebt in Connecticut und genießt ihr Alter und das Leben mit den Enkelkindern.

LYLA WARD

WO IST MEINE LESEBRILLE?

Mein amüsantes Leben
zwischen Jugendwahn und Seniorenteller

Übersetzt von Gloria Ernst

blanvalet

Die Originalausgabe erschien 2010 unter dem Titel
»How to Succeed at Aging Without Really Dying«
bei AmazonEncore, Las Vegas.

Verlagsgruppe Random House FSC® N001967
Das FSC®-zertifizierte Papier *Holmen Book Cream*
für dieses Buch liefert Holmen Paper, Hallstavik, Schweden

7. Auflage
Taschenbuchausgabe Oktober 2012 bei Blanvalet,
einem Unternehmen der Verlagsgruppe Random House GmbH, München.
Copyright © der Originalausgabe 2010 by Lyla Blake Ward.
Copyright © der deutschsprachigen Ausgabe 2010 by Blanvalet,
einem Unternehmen der Verlagsgruppe Random House GmbH, München.
Umschlaggestaltung: www.buerosued.de, München
Redaktion: Anita Hirtreiter
HJ · Herstellung: sam
Druck und Einband: GGP Media GmbH, Pößneck
Printed in Germany
ISBN: 978-3-442-37952-1

www.blanvalet.de

Meinem Mann Russ
und meinen Töchtern
Gina und Bindy –
Ihr Lieben,
dieses Buch habe ich
für Euch geschrieben

INHALT

WER IST HIER IM
MITTLEREN ALTER?

Ich war niemals im mittleren Alter. Ich war es beinahe. Als ich jedoch auf die fünfundvierzig zuging und mich damit abgefunden hatte, dass ich diesen speziellen Lebensabschnitt nun bald erreicht haben würde, änderten sich plötzlich die Regeln. Wer auch immer für die Festlegung von Lebensphasen verantwortlich ist, gab damals überraschend bekannt, kürzlich veröffentlichte Versicherungsdaten hätten ergeben, dass es realistischer sei, die Lebensmitte mit fünfzig Jahren anzusetzen.

Okay, damit konnte ich leben. Und das tat ich dann auch, bis ich ein paar Tage vor meinem fünfzigsten Geburtstag erfuhr, dass man die Messlatte erneut höher gehängt hatte ... Nun hieß es, die mittleren Jahre würden erst mit fünfundfünfzig beginnen. Wie sollte ich nun weiter meinen wachsenden Taillenumfang als den unvermeidlichen Speck der Lebensmitte erklären, wenn ich diese mit fünfzig noch nicht einmal annähernd erreicht hatte. Es war all diesen

Marathon laufenden, bergsteigenden, kickboxenden Großmüttern also wieder einmal gelungen. Wer – so argumentierte ihre Lobby – könne überhaupt mit Sicherheit sagen, wann das mittlere Alter begann? Nun, ich konnte das durchaus. Ich hatte inzwischen mindestens eine Kleidergröße zugelegt, und in meinen ansonsten dunklen Haaren zeigten sich mittlerweile die ersten silbernen Strähnen, und als ich an meinem fünfundfünfzigsten Geburtstag in den Spiegel blickte, wusste ich genau, was ich da sah: eine Frau im mittleren Alter.

Knapp daneben ist eben auch vorbei. Nun gut. Während immer mehr Jubilare beachtliche hundertzehn Jahre erreichten, dabei noch immer Bridge spielten und – Gott steh uns bei – mit ihren Model Ts die Stadt unsicher machten, war die Gesellschaft geneigt, den Menschen zwischen sechzig und fünfundsechzig ein bisschen mehr Spielraum zuzugestehen. Rein formal gesehen befanden sie sich zwar in den mittleren Jahren, aber sie protzten nicht mit goldenen Uhren – jedenfalls noch nicht. Die Menschen gingen später in den Ruhestand, ergriffen dann manchmal noch einen zweiten oder sogar einen dritten Beruf, und so machte es einfach puff, und das mittlere Alter verschwand.

Und was war die Folge? Ich war also niemals in den mittleren Jahren! Ich wechselte direkt von jung zu alt. Ohne jedes Übergangsstadium. Sagte ich »alt«? Verzeihung. Man nennt mich heute euphemistisch eine »Seniorin«, ein Titel, den ich mit vierzig Millionen anderen Amerikanern, die über fünfundsechzig sind, teile.

In diesem Buch geht es darum, wie man sich in einer Welt voller Blisterpackungen, die man nicht zu öffnen vermag, zurechtfindet. In einer Welt voller Elektronik, die man kaum noch versteht. In einer Welt mit ihren unzähligen Verfallsdaten, von denen man nur hoffen kann, dass sich keines von ihnen auf einen selbst bezieht. Es handelt von Telefonansagen mit Menüführung, Medikamentenwerbung, Umfragen und noch mehr Umfragen, von Computern und den endlosen »guten Ratschlägen«, die wir von der Generation X, Y oder Z erhalten. Damit meine ich jene Generationen, die jetzt unseren bisherigen Altersgruppen zuzuordnen sind. In Kolumnen und Büchern werden wir mit Informationen geradezu bombardiert, wie wir das, was wir haben, auch behalten können. Angefangen bei unseren Haaren bis hin zu unserer Gallenblase. Es gibt unzählige Anti-Aging-Cremes, Mineralien und Vitamine, die uns fit halten sollen, und es gibt Sudoku, um unsere kleinen grauen Zellen auf Trab zu halten. Wir wissen, »wie man erfolgreich älter wird, ohne zu sterben«, weil man uns ständig sagt, wie man das macht.

Als jemand, den man um seinen berechtigten Anspruch auf die mittleren Jahre betrogen hat, bin ich überaus sensibel gegenüber den gesellschaftlichen Zwängen geworden, die sich mit so viel Aufwand darum bemühen, mich jung zu erhalten. Mit anderen

Worten, bleibt mit euren tragbaren, digitalen Feuerlöschern bloß meinen Geburtstagskerzen fern! Das ist meine Überzeugung, während ich gemütlich auf meiner Couch sitze, mitten am Nachmittag Popcorn esse und mir Filme ansehe, die gedreht wurden, als ich noch jung war.

Lyla Ward

ÜBER

D A S

ALTERN

Beim Blick in den Spiegel
überläuft es mich kalt,
denn ich sehe, der Spiegel
wird doch ganz schön alt.

ERFOLGREICH ÄLTER WERDEN, OHNE ZU STERBEN

Ich halte viel von Selbsthilfe. Das war schon immer so. Nach dem College las ich jeden Artikel über »Erfolgreiche Jobsuche«, der mir in die Hände fiel. Dann machte ich mit »Wie man eine glückliche Ehe führt« weiter, gefolgt von »Erfolgreich Eltern sein«, »Wie man seinen Kindern das College finanziert« und »Tipps für einen erfolgreichen Ruhestand«.

Ich befolgte all die Ratschläge und war – wenn ich das so sagen darf – in allem, was ich tat, ziemlich gut. Jetzt jedoch lasse ich mir, wenn ich mir einen Bananensplit mit heißer Schokoladensoße und Schlagsahne gönne, weil »ich es mir verdient habe«, oder wenn ich an einem ruhigen Nachmittag ein Buch lese, weil »ich jetzt auch mal dran bin«, immer sofort ein schlechtes Gewissen einreden. Die Leute mit den guten Ratschlägen melden sich dann stets zu Wort. Und auf wen haben sie es dabei abgesehen? In unzähligen Büchern, Artikeln und Vorträgen ist das Thema stets das gleiche: Wie werde ich erfolgreich

alt? Es reicht nicht, dass ich das reife Alter von drei-
undsiebzig erreicht habe – nein, ich sehe mich auch
gezwungen, jeden Tag zu beweisen, wie gut ich das
mache.

Gerontologen, die im Allgemeinen noch vierzig
oder mehr Jahre vor sich haben, bevor sie wie ihre
eigenen Patienten geriatrisch werden, behaupten,
ich müsse Fett meiden, haufenweise Antioxidantien
schlucken und meine Dosis Ginkgo Biloba verdop-
peln, wenn ich all den gesundheitlichen Problemen,
die mit den goldenen Jahren einhergehen, nicht Tür
und Tor öffnen will. Unter Überschriften wie: »Ihre
späteren Jahre können Ihre besten Jahre sein« oder
»Bleiben Sie aktiv!«, erklären sie, dass es allein von mir
selbst abhängt, was mit meinem Körper geschieht.
Würde ich die Kreuzworträtsel der Londoner *Times*
anstatt die der *New York Times* lösen, könnte ich vielleicht verhindern, dass ich irgendwann den Namen
eines Films, eines Buches oder meines Mannes vergesse. Selbst die häufigen Besuche im Badezimmer
sind offensichtlich nur davon abhängig, ob mein Verstand oder meine Blase stärker ist.

»Wer rastet, der rostet!« Dessen bin auch ich mir
bewusst. Also gehe ich dreimal die Woche schwimmen. Worauf ich ehrlich gesagt ziemlich stolz war,
jedenfalls so lange, bis ich von Fünfundachtzig- oder
Neunzigjährigen las, die den New York Marathon
laufen. Und dann gibt es da ja auch noch diese Frau
meines Alters, die zum Bergsteigen nach Tibet fährt.

Dann fange ich an, mir ernsthaft Sorgen zu machen. Schöpfe ich mein Potential wirklich aus? Letzte Woche habe ich zweimal das Schwimmen ausfallen lassen, nur weil ich mir den Hals verrenkt hatte. Ich fragte mich immer wieder, ob eine dieser Sportskanonen wirklich in ihrem Zelt geblieben wäre, nur weil ihr der Nacken weh tat? Sie hätte vielleicht zu einem stärkeren Einreibemittel gegriffen, aber hätte sie aufgegeben? Niemals!

Den oben erwähnten Artikeln zufolge werde ich, wenn ich mich weiter gehen lasse, meine Familie schwer enttäuschen. Meine Töchter werden am Boden zerstört sein, wenn sie eines Tages ins Zimmer kommen und mich dabei ertappen, wie ich mir zum ersten Mal in meinem Leben im Nachmittagsprogramm eine Seifenoper ansehe. Und wie werde ich mich wohl selbst fühlen, wenn ich die unausgesprochenen Vorwürfe in ihren Augen lese? »Wie konntest du das nur tun? Du *versuchst* ja nicht einmal, eine aktive Seniorin zu sein.«

Ich gebe zu, dass einige der Forschungsergebnisse, die die Fachleute anführen, durchaus beeindruckend sind. Wir erfahren, dass Vögel ihr Gefieder bis zu ihrem Tod behalten, Fische ihre Schuppen und Hirsche ihr Fell. Und ich muss zugeben, selbst aus nächster Nähe ist es nicht leicht, die Decke einer Hirschkuh von der eines Kitzes zu unterscheiden. Allen Berichten ist gemeinsam, dass tierische Zellen, selbst die Zellen alter Tiere, etwas Wunderschönes sind.

Die meinen sollten ebenso gut aussehen. Worauf diese Typen jedoch mit keinem Wort eingehen, sind die Fragen, ob das Gedächtnis eines fünfzigjährigen Elefanten genauso gut ist wie das eines zwanzigjährigen oder ob ein fünfzehnjähriger Kabeljau sich noch daran erinnert, wo er herkommt. Kann irgendjemand mit Sicherheit sagen, ob Austern Osteoporose bekommen, ob ein hyperaktiver Hase ein kräftigeres Herz hat als eine lethargische Schildkröte? Sind Bienen anfällig für Diabetes? Die Ergebnisse dieser Umfragen liegen leider noch nicht vor.

Ich persönlich habe meine Zweifel. Und diese Zweifel stützen sich auf meine eigenen Recherchen. Man denke nur an meine Schwiegermutter, die stolze fünfundneunzig wurde und dabei jeden Tag ihres Lebens ein halbes Pfund M&Ms, einen Becher Kaffee-Eiscreme von Häagen-Dazs und ein großes Stück Entenmann's Streuselkuchen verputzte. Hätte man ihr etwas von »Ballaststoffen« erzählt, so hätte sie wohl angenommen, dass hier von Sandsäcken die Rede ist. Ihre Lektüre im Alter beschränkte sich auf Krimis, und ein Sportstudio bekam sie nur dann zu Gesicht, wenn sie auf ihrem Weg zum Schönheitssalon daran vorbeifuhr.

Das soll nicht heißen, dass ich alle Ratschläge für Unsinn halte oder dass ich nicht mehr auf das Verfallsdatum meiner Vitamine achte. Aber was das Thema »Erfolgreich älter werden« angeht, so möchte ich jedem, der einen Artikel oder ein Buch geschrieben hat, es gerade schreibt oder zu schreiben beabsichtigt, in dem er mir erklärt, wie das geht, sagen: ENT-SPANNT EUCH! Ich weiß selbst am besten, was für mich gut ist und was nicht!

ZIELGRUPPE

Oh, wie schön wäre es, noch einmal jung zu sein. So zwischen achtzehn und neunundvierzig! Bei den Einschaltquoten berücksichtigt zu werden! Von Firmen beachtet zu werden! Nun, nicht direkt von den Firmen, aber von den Sendern, auf denen die Werbung dieser Firmen läuft.

Wenn ich dieser magischen Gruppe angehören würde, könnte ich großspurig auftreten, in dem Wissen, dass ich Teil einer Zielgruppe bin. Haben Sie überhaupt eine Vorstellung davon, welche Vorteile es bringt, zu einer Zielgruppe zu gehören? Zunächst einmal wird grundsätzlich jedem Ihrer Wünsche Rechnung getragen. Wenn Sie durchblicken lassen, dass Sie zur Primetime gerne Autopsien sehen würden, zack, schon sind sie da. Reality-Shows? Kein Problem. Bekommen Sie. Wenn Sie auch nur einen kurzen Blick in Richtung junger Sterne werfen, wie sie sich im Hubble-Weltraumteleskop präsentieren, wird Fox das auf der Stelle ins Herbstprogramm aufnehmen.

Ohne Zweifel, die Werbeagenturen haben ihre Hausaufgaben gemacht. Ihre Forschungsergebnisse, die – natürlich in völlig uneigennütziger Weise – vom »Komitee zur Wahrung der Jugend in der Werbung« gesponsert wurden, scheinen zu zeigen, dass ausschließlich die Altersgruppe zwischen achtzehn und neunundvierzig Getreideflocken, Waschmittel, Autos, Computer, Kopierer, Mineralwasser, Pfandbriefe, Weichspüler, Shampoo, Urlaube, Parfüm, Farbe, Suppen, Deodorants, Aspirin, Versicherungen und Vitamine kauft. Wenn Sie also Ihre Produkte verkaufen wollen, muss es Ihnen nur gelingen, die Angehörigen dieser Generation anzusprechen, und schon haben Sie es geschafft. Oder etwa doch nicht? Einer neueren Studie zufolge sehen »ältere« Menschen täglich mehr als drei Stunden fern. Das ist mehr als jede andere Altersgruppe. Zugegeben, einige mögen in ihren bequemen Sesseln sitzen und fernsehen, andere aber sehen – so seltsam sich das auch anhören mag – fern, während sie abends, zur besten Sendezeit, auf einem Laufband joggen. Und, ganz im Gegensatz zur allgemeinen Überzeugung, essen auch Menschen über fünfzig Frühstücksflocken (vorzugsweise mit Kalzium und zweiundzwanzig Zusatzstoffen angereichert), trinken Mineralwasser und kaufen Autos, um nur ein paar der unglaublichen Ausschweifungen dieses nicht mehr ganz jungen Völkchens zu nennen. Und jene über fünfundsechzig, die *wirklich* Alten, sind die Bevölkerungsgruppe, die am schnellsten wächst. Hat denn niemand diese Statistiken in letzter Zeit zur Kenntnis genommen?

Ich glaube nicht, denn ich wüsste es, wenn irgendjemand »dort oben« die glorreiche Idee gehabt hätte, mich und meine Generation zu einer Zielgruppe zu machen. Dann nämlich wäre ich nicht mehr dazu verurteilt, mir die unzähligen Wiederholungen von *Mord ist ihr Hobby* anzusehen, Folgen, die ich schon so oft gesehen habe, dass ich weiß, wer der Mörder ist, noch bevor Jessica zum ersten Mal ins Bild kommt. Stattdessen würden neue Formate laufen. Sendungen, die darauf abzielen, mir und meinen Freunden zu gefallen. Ich bekäme Fragebogen zugesandt, in denen man *mich* um Antwort bäte und in denen man *mich* fragte, was *ich* gern sehen würde. Vielleicht würde man mich eines Tages sogar fragen, welche Art von Produkten *ich* kaufe und ob Werbespots Einfluss auf *meine* Kaufentscheidung haben.

Aber das sind alles nur Luftschlösser. Ich hoffe nicht auf Wunder, nur auf ein paar weitere Ringe um das Schwarze auf der Zielscheibe herum. Vielleicht könnte das Fernsehprogramm im nächsten Herbst ein oder zwei Sendungen für Fünfzigjährige anbieten, im Herbst darauf dann für Einundfünfzigjährige und so weiter. Wenigstens bliebe uns so die Qual erspart, uns für den Rest unseres Lebens Wiederholungen von *Friends* ansehen zu müssen.

VIELE SENIOREN
VERDERBEN DEN BREI

Ihre älteren Freundinnen hatten sie alle gewarnt. Auch ich selbst hatte ein- oder zweimal kurz darauf hingewiesen, nichts jedoch hatte uns beide auf den Schock vorbereiten können, den wir erlitten, als es dann tatsächlich schwarz auf weiß zu lesen war. Einen Tag nach ihrem fünfzigsten Geburtstag erhielt meine Tochter den gefürchteten Brief der AARP, der American Association of Retired Persons, also der Amerikanischen Vereinigung der Ruheständler. Jetzt, da sie ganz offiziell als Seniorin galt – »Seniorin«, das war das Wort, das die AARP so gerne benutzt –, sei sie berechtigt, viele der Vergünstigungen in Anspruch zu nehmen, in deren Genuss sowohl ihr Vater als auch ich bereits seit einigen Jahren kamen.

»Willkommen in unserer Welt«, sagte ich laut. Im Stillen aber rief ich ganz und gar nicht mütterlich: nein, nein und tausendmal nein! Die AARP muss sich irren. Wir können unmöglich alle Senioren sein. Schließlich muss es noch irgendjemanden geben, der den vollen Preis bezahlt. Wenn jetzt die geburtenstarken Jahrgänge das Feld stürmen, verlieren diejenigen von uns, die rechtmäßig alt sind, all das, wofür wir gekämpft haben: ermäßigte Preise im Kino und in Bildungseinrichtungen, in Zoos und Museen, bei den Fluglinien, der Bahn und im Einzelhandel. All das werden irgendwann nur noch schöne Erinnerungen sein. Spätestens dann, wenn die Unternehmen zu rechnen anfangen und feststellen, dass es mehr von *uns* als von *ihnen* gibt.

Auch wenn es mir für meine Tochter und ihre Freundinnen, die, während sie noch ihr Alter beklagen, nicht gezögert haben, die Versicherungsgesellschaften auf die Kurzwahlliste zu setzen, leidtut: Es muss etwas geschehen. So, wie es aussieht, wird das Seniorenalter der längste Abschnitt unseres Lebens werden. Aber zwischen einer Fünfzig- und einer Siebzigjährigen liegt nach wie vor ein himmelweiter Unterschied (ich garantiere Ihnen, Cybill Shepherds Hintern sieht mit Sicherheit noch ganz anders aus als der meine). Es ist an der Zeit zu erkennen, dass es Senioren und *Senioren* gibt.

Um mit diesem Problem fertig zu werden, haben sich ein paar von uns wirklichen Senioren zusammengeschlossen. Wir nennen uns das KSA, das Komitee zum Schutz des Alterns, und wir haben Pläne ausgearbeitet, Strukturpläne, deren Ziel es ist, das Alter in verschiedene Kategorien einzureihen und dabei gleichzeitig die Integrität der Bezeichnung zu gewährleisten.

Unser Vorschlag lautet, die Gruppe der Fünfzig- bis Sechzigjährigen »angehende Senioren« zu nennen und sie mit eingeschränkten Privilegien auszustatten: vielleicht Kinokarten zu sieben Dollar anstatt der neun oder zehn Dollar, die die Jüngeren normalerweise zahlen? Sie könnten fünfzehn Prozent Ermäßigung auf ihre Skydiving- oder Bungee-Ausrüstung bekommen; Semi-Elderhostels auf dem Weg nach Woodstock und Haight-Asbury, plus die kostenfreie Mitgliedschaft in einer neuen Organisation: der VBR (Vereinigung der Beinahe-Rentner).

Die Menschen zwischen einundsechzig und fünfundsiebzig könnten das bleiben, was sie sind: nämlich Senioren im eigentlichen Sinn. Ab sechsundsiebzig aufwärts gäbe es – so jedenfalls unser Vorschlag – dann eine ganz neue Kategorie: den Senior plus. Jene, die das Glück haben, so alt zu werden, hätten ein Anrecht darauf, in den Flugzeugen alle Plätze zugewiesen zu bekommen, die ihnen die größtmögliche Beinfreiheit gewährleisten, außerdem fünfzig Prozent Ermäßigung für alle Flüge nach Florida, Freikarten fürs Kino und für Kurkonzerte und welche Vergünstigungen auch immer ihre neue Organisation, die AAVRP (American Association of Very Retired Persons), herausschlagen kann.

Klingt das fair? Wir finden schon. Und selbst wenn die Regierung beschließen sollte, unsere Kinder an unserer Gesundheitsfürsorge teilhaben zu lassen, könnten wir Alten uns noch immer auf unsere Senior-plus-

Jahre freuen. Wie man es auch betrachtet: Davon haben doch alle etwas.

ABGELAUFEN

Erinnern Sie sich noch an die gute alte Zeit? An damals, als auf den Produkten, die wir kauften, noch kein Haltbarkeitsdatum aufgedruckt oder eingestanzt war? Ich jedenfalls habe mir niemals Gedanken um die Zukunft meiner Milch gemacht. Wenn die Butter, die Milch oder die Sahne nicht mehr gut rochen, habe ich sie weggeworfen. Der Käse schimmelig? Fort damit! Die Kekse matschig? In den Müll! Die Eier kurz vor dem Schlüpfen? Entsorgen! Das Fleisch an den Rändern ein wenig braun? Kein Risiko eingehen! Jetzt aber werden die Sahne, selbst wenn sie noch einwandfrei riecht, und auch die englischen Muffins, sogar wenn sie noch wunderbar fluffig sind, einfach aussortiert, sobald das Haltbarkeits- mit dem Kalenderdatum übereinstimmt. Wer wagt es schon, den Hinweis eines Etiketts zu missachten?

Wenn kurzfristige Verfallsdaten das einzige Problem wären – nun, damit könnte ich durchaus leben. Selbst wenn ich mich vielleicht fragen würde, was mit der einen oder den zwei Wochen passiert ist, in denen ich darauf wartete, dass die Milch sauer wird, würde ich nicht verzweifelt die Hände ringen und rufen: »Wo ist nur die ganze Zeit geblieben?« Aber wenn ich drei leere AAA-Batterien in der Hand halte, von denen ich hätte schwören können, dass ich sie gerade erst ausgetauscht hatte, dann ist mein einziger Gedanke: »Was habe ich nur in den zwei Jahren getan, in denen diese Batterien leer wurden?«

Die Sache ist die: Zeit ist nicht gleich Zeit. Wir alle wissen das. Wenn man einen Zahnarzttermin für die folgende Woche vereinbart, sitzt man schon im Behandlungsstuhl, bevor man auch nur »Wurzelkanal« sagen kann. Wenn man hingegen eine Woche warten muss, bis sie einem sagen, ob man den Job, den man unbedingt haben will, auch bekommt, könnte in diesen sieben Tagen eine Schildkröte den Times Square bequem hundertmal überqueren. Und wenn man wirklich etwas über das Phänomen der Zeit lernen will, dann braucht man nur eine hochschwangere Frau, die seit drei Tagen überfällig ist, zu fragen, wie viele Stunden jeder Tag hat.

Und genau deshalb mache ich mir auch so große Sorgen wegen meiner Speisekammer. Für das Jahr 2009 sieht es gar nicht gut aus. Bereits eine erste Inspektion zeigt, dass meine Cheerios schon im Dezember ablaufen. Mein Backpulver wird nur bis Februar halten. Der März wird der Hefe den Garaus machen. Ich bin mir nicht sicher, was mit dem Knuspermüsli genau passieren wird, aber es wird in jedem Fall im Mai das Zeitliche segnen. Nur das Mehl wird das Jahr 2010 erleben, und auch ich werde dann zwei Jahre älter sein.

Die Verbraucherschützer, die sich für diese Kennzeichnungspflicht stark machten, um uns vor verdorbenen Lebensmitteln zu schützen, waren vermutlich in dem festen Glauben, dass sie uns einen Gefallen tun würden. Was sie jedoch nicht vorhersahen, war, dass sie, indem sie so oft »das Ende« bestimmten, nur dafür sorgten, dass die Zeit umso schneller verflog. Ich will damit nicht sagen, dass sie Mist gebaut haben, allerdings denke ich, es würde uns allen viel besser gehen, wenn sie das Offensichtliche bedacht hätten. Wenn wir wissen, dass irgendetwas irgendwann in zwei oder drei Jahren abläuft, und wir sogar noch das genaue Datum kennen, vergeht die Zeit bis dorthin viel schneller als jene Zeit, die kein Verfallsdatum kennt. Das ist einfach so.

Ich habe gerade meinen Führerschein verlängern lassen. Jetzt läuft er 2012 aus. Und das bringt mich zum Kern meiner Gedanken und Sorgen: Wenn die Forscher schon das Verfallsdatum von Cornflakes, Wundpflastern oder eines Brotlaibs auf den Tag genau bestimmen können, wird das eines Tages auch für uns gelten?

SCHAFFT PLATZ FÜR DADDY!

Das Ganze fing an, als mein Mann – er hätte sich dafür sogar fast entschuldigt – beschloss, bei mir einzuziehen. Fünfundvierzig Jahre unserer Ehe hatten wir uns unser Zuhause von sieben Uhr abends bis sieben Uhr morgens, außerdem den ganzen Samstag, den Sonntag und die Feiertage geteilt. Dann jedoch ganz plötzlich – zumindest kam es mir so vor – war er von sieben Uhr morgens des einen Tages bis sieben Uhr morgens des nächsten da, quasi wie ein siamesischer Zwilling an meiner Hüfte festgewachsen. Er hängte sein Dasein als Pendler von einem Tag auf den anderen einfach an den Nagel und verkündete, dass er das Wissen, das er in seinen langen Berufsjahren erworben hatte, nunmehr gewinnbringender nutzen und als Berater tätig sein wolle. »Tolle Idee!«, stimmte ich ihm begeistert zu.

Damals, vor fünf Jahren, als er sich zum ersten Mal darüber beklagte, täglich drei Stunden seiner kostbaren Zeit im Zug verbringen zu müssen, und davon träumte, in Altersteilzeit zu gehen und von zu Hause aus zu arbeiten, war ich voll und ganz dafür. *Warum auch nicht?* Da zu diesem Zeitpunkt die Kinder bereits aus dem Haus waren, hatten wir noch vier Zimmer, von denen drei, bis auf ein paar zurückgebliebene Puppen, vollkommen leer standen. *Jetzt* jedoch sah die Sache vollkommen anders aus. Ich hatte schon vor langer Zeit Anspruch auf einen Raum in unserer Dreizimmer-Eigentumswohnung erhoben und es mir als Büro eingerichtet. Zusätzlich zu meinem Computer, dem Drucker, dem Scanner und den Aktenschränken hatte ich meine Wörterbücher, meinen Thesaurus, meinen *Writer's Market*, mein *PC für Dummies*, mein *Englisch für Dummies*, mein *Networking für Dummies* und all die anderen *Dummies* auf den Bücherregalen über und um meinen Schreibtisch herum aufgebaut. Aber man konnte doch nicht allen Ernstes von mir erwarten, dass ich dieses vollgestopfte Zimmer auch noch mit jemandem teilte. Mein Mann sah das durchaus ein.

Kein Problem, sagte er. Ich brauche ja schließlich nicht viel. Nur eine kleine Ecke mit einem Tisch für meinen Computer (nein, natürlich keinen richtigen Schreibtisch) und vielleicht – allerdings nur, wenn es nicht zu viel Mühe macht – eine Ablage für mein Telefon. Wir sahen uns also in aller Ruhe sämtliche Räumlichkeiten an (was nicht allzu lange dauerte), doch so bescheiden seine Bedürfnisse auch schienen, wir fanden einfach keinen Platz für ihn. Zur Wahl standen das Schlafzimmer (er sagte, dort würde er bei der Arbeit einschlafen); das Wohnzimmer (er sagte, dann würde er abends überhaupt nicht mehr entspannen können); und der Küchentisch (dann würden wir die Bananen wegstellen müssen). All das taugte also augenscheinlich nicht einmal für ein quasi offizielles Büro. Jetzt gab es nur noch eine einzige Möglichkeit: das Esszimmer. Es war zwar nicht groß, aber es gab einen Tisch und eine Ecke, in der ein Aktenschrank mitsamt einem Drucker untergebracht werden konnten. »Perfekt«, meinte er. »Mehr brauche ich nicht.«

Wie wunderbar, dachte ich. Was für eine gute Ehe wir doch führen. Vielleicht würde es ja sogar richtig Spaß machen. Wir würden beide in unserem jeweiligen »Büro« arbeiten, mittags würde mein Mann sich dann sein Thunfisch-Sandwich machen (so wie ich es ihm beigebracht habe), und ich mir meines. Das Leben würde das sprichwörtliche Honigschlecken werden, aber eben ohne Karies. Und so kam es dann auch, zumindest die erste Zeit.

Dass er jetzt ständig mit seinem Laptop am Esszimmertisch saß, störte mich nicht besonders. Ich hatte mich schnell daran gewöhnt, dass anstelle der Platzdeckchen jetzt seine Schnellhefter auf dem Tisch lagen (ich stellte nur ein einziges Mal ein nasses Glas darauf ab). Sobald er seine Akten ausgebreitet und seinen Computer hochgefahren hatte, begann er – bescheiden, wie er nun einmal ist –, meinen Internetzugang in Beschlag zu nehmen.

Ich sage ganz bewusst »meinen«, denn bis zu diesem Zeitpunkt konnte ich, da ich ja immer allein im Haus gewesen war, ganz nach Belieben im Netz surfen und in aller Ruhe nach Informationen suchen. Wir hatten uns bis dahin einen einzigen Account mit getrennten E-Mail-Adressen geteilt, und mein Mann hatte sich, wenn er abends aus dem Büro kam, nur seine Post »abgeholt«. Schon bald spürte ich jedoch, wie mir meine Spontaneität abhandenkam, während wir unsere Arbeitszeit damit verbrachten, uns die ständige Frage »Bist du gerade im Internet?« zuzurufen. Das Ende vom Lied war, dass ich schließlich überhaupt keine Lust mehr hatte, ins Netz zu gehen.

Wir waren also gezwungen, den Tatsachen ins Auge zu sehen. Obwohl wir in unserem Leben vieles miteinander geteilt hatten (das Bett, unser Essen), würde der Internetzugang niemals dazugehören. Nachdem wir zwei Wochen lang hin und her gebrüllt hatten, beschlossen wir, unseren Account und nicht uns zu trennen. Dann zahlten wir die 23,90 Dollar im Monat eben doppelt.

Gesagt, getan. So wie auch sonst immer waren wir schnell zu einer vernünftigen und freundschaftlichen Übereinkunft gekommen. Alles lief wunderbar, bis ich eines Tages ins Wohnzimmer kam und feststellte, dass einer der Beistelltische verschwunden war. Jetzt ist ein Beistelltisch nichts, das man einfach so verlegt. Also musste jemand den Tisch entwendet haben. Die Lampe, die jetzt auf dem Fußboden und nicht mehr auf dem Tisch stand, zeugte stumm von diesem dreisten Diebstahl. Und in diesem Moment fiel mir auch auf, dass die Arbeitsecke meines Mannes ein wenig überfüllt wirkte. Dort, am anderen Ende des Esstisches (seines »Büros«), begraben unter hohen Stapeln von Schnellheftern, Broschüren und den anderen Zeugnissen eines wachsenden Geschäftes, stand der entführte Beistelltisch.

Es war unübersehbar: Mein Mann brauchte unbedingt einen zweiten Aktenschrank. Als wir also unsere Wohnung ein weiteres Mal eingehend in Augenschein nahmen, bemerkte ich, dass sein Blick begehrlich auf die Ecke in der Nähe der Küche fiel, wo ein kleines Bücherregal mit meinen Kochbüchern stand. »Nein, dort nicht«, rief ich erschrocken. »Du willst doch sicher nicht, dass deine Unterlagen Fettspritzer abbekommen.« Aber auch ich sah ein, dass die Zeit für einen Kompromiss gekommen war. »Wie wäre es mit der Garage?«, schlug ich vorsichtig vor. »Dort bleiben sie sauber.« Sein zweifelnder Blick war irgendwie verständlich, schließlich stand sein Auto in der Garage. Am Ende beruhigte er sich jedoch wieder, als ich ihn freundlich daran erinnerte, dass die Erde sich erwärmte, und selbst wenn das auf unsere Gegend nicht zutraf, könnte er schließlich mit gutem Beispiel vorangehen und auf das Auto verzichten.

Das schien also geklärt. Ich war der Meinung, sein Drang nach Expansion wäre damit erschöpft, bis ich ihn eines Tages mit einem Zollstock in der Diele erwischte. Mein Mann hatte diesen eindeutig identifizierbaren Glanz in den Augen, diesen Ich-platze-gleich-aus-allen-Nähten-Blick; da wusste ich, dass er auf die Eroberung anderer Zimmer aus war. Bitte, betete ich im Stillen, alle, nur nicht mein Büro.

Wer auch immer da oben für häusliche Angelegenheiten (oder meine Gebete) zuständig sein mag, an diesem Tag muss er etwas Dringenderes zu tun gehabt haben, denn nicht allzu lange nach dem Vorfall im Flur hörte ich, während ich gerade in meinem Büro saß und arbeitete, wie jemand leise an meine Tür klopfte. Ich wusste sofort, wer das war. Mein Mann bat um Einlass. Er hielt ein Klemmbrett in der Hand und sagte überaus zuvorkommend: »Ich muss ein paar Berichte durchsehen. Stört es dich, wenn ich mich in deinen Sessel setze? Hier ist das Licht viel besser als drüben im Esszimmer.« Das war's dann also: das Esszimmer, das Wohnzimmer, die Garage, der Flur. Ich wusste: Es war vorbei. In der Ferne hörte ich das Pfeifen des 8.15-Uhr-Zuges, in dem mein Mann täglich drei Stunden kostbarer Zeit verschwendet hatte, und der jetzt ohne ihn vorbeirauschte. »Komm rein, komm rein«, forderte ich ihn auf. »Ich habe schon auf dich gewartet.«

URALT

Letzte Woche kam ich zufällig im Hallenbad mit einer anderen Besucherin ins Gespräch und erwähnte beiläufig, wie alt ich war. Das war keine besonders gute Idee. Sie gab ein erstauntes Japsen von sich, sah mich an und sagte voller Ehrfurcht: »Herzlichen Glückwunsch.«

Da ich weder Geburtstag noch sonst irgendetwas zu feiern hatte, wusste ich, dass sie mich allein dafür beglückwünschte, dass ich es bis zu diesem hohen Alter geschafft hatte. Mir wurde schlagartig bewusst, dass ich, die ich immer das Gefühl gehabt hatte, beinahe noch in den mittleren Jahren zu sein, mich jetzt plötzlich im »Glückwunsch«-Stadium des Lebens befand. Wie war das möglich? War es nicht erst gestern gewesen, dass Verkäuferinnen, Rezeptionistinnen und andere vollkommen Fremde meine Schwiegermutter (die stolze neunzig war) beglückwünschten, wann immer sie ihr Alter nannte?

Etwas an der Langlebigkeit scheint bei jenen, die

selbst noch keinen nennenswerten Meilenstein erreicht haben, eine Bewunderung zu wecken, die schon an Ehrfurcht grenzt. Wenn ein Ehepaar im Fernsehen verkündet, dass es seit fünfzig Jahren verheiratet ist, gerät das Publikum schier aus dem Häuschen. Sind es mehr als fünfzig, ist das Beifallsgeschrei bis ins nächste Studio zu hören. Heutzutage bekommen sogar fünfundzwanzig Jahre Ehe schon Applaus.

Warum eigentlich? Wer sagt diesen Leuten denn, dass die Ehe der beiden glücklich war? Vielleicht wollten sie sich schon vor langer Zeit scheiden lassen und sind nur wegen der Kinder zusammengeblieben. Oder einer der Ehepartner ist öfter untreu gewesen, als er oder sie sich jetzt erinnern möchte. Oder es war von vornherein eine Vernunftehe, und die beiden hatten sich einfach nur miteinander arrangiert. Vielleicht führten sie eine wunderbare Ehe, vielleicht auch nicht. Einfach nur einen Zustand beizubehalten, sei es nun im Leben oder in der Ehe, scheint mir jedoch kein ausreichender Grund für ein anerkennendes Schulterklopfen zu sein. Als ich meiner neuen Bekannten mein Alter nannte und sie mich beglückwünschte, sprach sie mir auf diese Weise ihre Anerkennung dafür aus, dass ich noch immer da war. Aber womit hatte ich diese Anerkennung überhaupt verdient?

Mit verantwortungsbewusstem und überlegtem Handeln? Woher wollte sie wissen, ob ich die Straße immer bei Grün überquert hatte, jeden Tag meine CoQ10-Tabletten genommen und mich jedes Jahr gegen Grippe hatte impfen lassen? Abgesehen davon, dass ich regelmäßig schwimmen gehe, hätte ich als Seiltänzerin ohne Netz arbeiten oder mich auf Maui und Oahu dem Body-Surfen widmen können. Vielleicht unternehme ich an Tagen mit schlechter Luftqualität lange Gewaltmärsche, obwohl man alten Menschen dringend davon abrät. Vielleicht verzichte ich im Winter darauf, eine Mütze aufzusetzen, oder lasse alle Vorsicht außer Acht und setze meine Haut, nur um braun zu werden, gefährlichen UV-Strahlen aus.

Die Frage ist doch: Was habe ich tatsächlich geleistet, um mir ihre Glückwünsche zu verdienen? (Abgesehen davon, dass ich einen Geburtstag nach dem anderen gefeiert habe.) Stellen Sie sich nur vor, ich hätte der Frau auch noch erzählt, dass mein Mann und ich seit sechsundfünfzig Jahren miteinander verheiratet sind – die Ärmste wäre sicher in Ohnmacht gefallen.

Ich bin niemand, der eine Anerkennung zurückweist, wenn er etwas durch eigene Anstrengung geschafft hat. Als es mir gelang, einen Blaubeerfleck aus einem rosa Hemd herauszubekommen (ich hatte sehr, sehr heißes Wasser aus größerem Abstand auf den über ein Glas gespannten Stoff gegossen), war ich durchaus der Meinung, ein Lob verdient zu haben. Oder als ich das jeden Monat erscheinende Kreuzworträtsel der *New York Times* löste, ohne die Hauptstadt von Bhutan (Thimphu) nachschlagen zu müssen. Oder damals, als ich einen Streit mit Medicare wegen der Kostenübernahme für ein nicht auf ihrer Liste aufgeführtes Medikament gewonnen habe.

Ich kenne meine Stärken, aber ich bin mir ganz und gar nicht sicher, ob man mein Alter dazuzählen sollte. Wenn ich also jetzt im Fernsehen einen Werbespot sehe, in dem ein bärtiger Mann, der angeblich hundertzehn Jahre alt ist und dessen weiße Haare wie ein Makrameevorhang um seine Schultern fallen, auf einem Berg in Tibet sitzt und behauptet, er verdanke sein langes Leben dem Joghurt, den er tagtäglich gegessen hat, drängen sich mir gleich mehrere Fragen auf. Erstens: War es der Joghurt oder war es nicht doch die gesunde Bergluft, was ihm ein so außerordentlich langes Leben geschenkt hat? Zweitens: Wie viele seiner Freunde aus Kindertagen, die vermutlich auch Kandidaten für diesen Danone-Werbespot gewesen wären, springen ebenfalls noch so quicklebendig herum wie er? Und drittens: Hat er in irgendeiner Weise selbst etwas getan, um diesen gutbezahlten Auftritt vor der Kamera zu bekommen? Wenn ja, *dann* würde ich mit tiefempfundener Bewunderung sagen: »Herzlichen Glückwunsch!«

DINGE, DIE DA NICHT
MEHR SIND

Einige Menschen beschließen, auf Fleisch zu verzichten. Andere schwören Eiscreme von Ben und Jerry's ab; wieder andere kippen ihren guten französischen Rotwein in den Ausguss. Ich, die ich gerade wieder einmal einen bedeutsamen Geburtstag hinter mir habe, habe beschlossen, so herzhaft in den sauren Apfel zu beißen, wie ich kann, und ab sofort auf alles zu verzichten, das nach Selbstbedienung aussieht, schmeckt oder riecht.

Ich habe einfach genug davon. Meine Finger werden nie wieder fast am Tankschlauch festfrieren, denn ich habe meine letzte Gallone Benzin getankt. Ich habe mit Sicherheit ein letztes Mal eigenhändig meine Windschutzscheibe geputzt und die letzten Kekskrümel vom Boden meines Wagens gesaugt. Niemals wieder werde ich mein Auto durch eine Waschstraße fahren, während das Wasser von allen Seiten auf mich einprasselt und ich mühsam versuche, Ruhe zu bewahren, und gleichzeitig darauf achte, dass mir der Motor nicht abstirbt. Von heute an fahre ich nur noch in den Servicebereich der Tankstelle. »Was haben Sie gefragt? Ob Sie meine Windschutzscheibe putzen dürfen? Gewiss, junger Mann. Aber vergessen Sie bitte die Ecken nicht.«

Was Geldautomaten oder – wie ich sie gerne nenne – die Spielautomaten der Finanzwelt angeht, vergesse ich einfach, dass es sie gibt. Von heute an werde ich wie eine echte Dame die Bank betreten, dem Kassierer huldvoll meinen Scheck reichen und ihn alles Weitere erledigen lassen. Wenn wir Kunden schon draußen im Regen oder in der grellen Sonne stehen müssen, um unsere Bankgeschäfte zu erledigen, wozu gibt es dann all diese überaus eleganten, trockenen, gut beheizten Gebäude voller Angestellter? Abgesehen davon kann ich gut und gerne darauf verzichten, mein Bargeld jedes Mal in Zwanzigdollarscheinen ausbezahlt zu bekommen.

Während ich schon seit geraumer Zeit beobachte, wie die letzten Serviceinseln schneller verschwinden als die CEOs in der Wall Street, frage ich mich, ob manche Firmen nicht doch Service Reduction Manager beschäftigen, deren einzige Aufgabe darin besteht, nach Möglichkeiten zu suchen, uns Kunden das Leben schwer zu machen. Denken Sie nur an die Salatbar im Restaurant. Haben die Gäste etwa nach diesen Grünzeugbuffets mit Selbstbedienung *verlangt?* Sind es, wenn man sich einen schönen Abend machen und gut essen gehen will, die paar kleinen Stückchen Speck wirklich wert, dass man sich seinen eigenen Salat mischt?

Haben Sie darum gebeten, Ihren Wagen selbst ins Parkhaus fahren zu dürfen, dabei Runde um Runde zu drehen, um schließlich auf der unbeheizten *achten* Ebene endlich einen Stellplatz zu finden, während der »Parkwächter« gemütlich in seinem gläsernen Kabuff im *Erdgeschoss* sitzt und liest? Auch wenn das *New England Journal of Medicine* vielleicht anderer Meinung sein mag, ich jedenfalls bin davon überzeugt, dass wir alle nur deshalb so müde sind, weil man von uns erwartet, am Abend auch noch die Arbeit der *anderen* zu tun, nachdem wir den ganzen Tag unsere *eigene* Arbeit getan haben. Die Schuhverkäuferin wird, zumindest wenn sie das hier gelesen hat, ins Lager gehen und das Modell in der gewünschten Größe und Farbe bringen, aber Sie werden sicherlich nicht erwarten, dass sie das Seidenpapier entfernt, mit dem die Schuhe ausgestopft sind, oder Ihnen sogar den Schuh anzieht. Das steht nicht in ihrem Aufgabenkatalog. Sich zu bücken ist anstrengend, schließlich muss sie *ihre* Kräfte dafür sparen, um nach der Arbeit in ihrem netten Supermarkt um die Ecke (dem Urvater aller Selbstbedienungsunternehmen) einzukaufen.

Unglücklicherweise kann ich Supermärkten nicht völlig aus dem Weg gehen (die 7-Eleven-Filialen sind nicht gerade für die Qualität ihres Fleischs berühmt), aber ich kann eine imaginäre Linie ziehen, die mich von den neuesten Maschinen fernhält, die einzig und allein darauf abzielen, uns auf eine vollkommen unpersönliche Art in ein Geschäft hinein und dann wieder hinaus zu bugsieren. Letzte Woche stellte mein hiesiger Lebensmittelladen mir nichts, dir nichts vier Selbstbedienungskassen auf. Und nun hat man das zweifelhafte Privileg, bei jedem einzelnen Produkt nach dem Strichcode zu suchen, der sich natürlich immer auf der Seite der Verpackung befindet, auf der man zuletzt nachsieht, seine Bananen auf der Scannerwaage eigenhändig abzuwiegen und herauszufinden, wo und wie man seine Kreditkarte in den Kassenautomaten stecken kann. Man muss kein Genie sein, um sich auszurechnen, welchen Zweck *die* dabei verfolgen. Zuerst vier Automaten, dann acht, dann schließlich kein einziges menschliches Wesen mehr weit und breit, das Ihnen die Bananen abwiegt oder Ihre Tüten packt. Was kommt als Nächstes? Werden irgendwann auch die Regale von Maschinen aufgefüllt?

Ohne mich! Ich mag vielleicht nicht in der Lage sein, diesen Trend aufzuhalten, doch ich werde mich auch nicht von ihm überrollen lassen. Ab sofort habe ich wieder ein Telefon mit Wählscheibe (grins!), und ich werde einfach immer »in der Leitung bleiben, bis der nächste verfügbare Mitarbeiter frei wird«. Und falls Sie Schwierigkeiten haben zu verstehen, was ich gerade sage, dann liegt das wahrscheinlich daran, dass ich gerade die Karte verschluckt habe, auf der meine PIN-Nummer steht. Die Ziffern »3265« werden dann für immer aus meinem Gedächtnis gelöscht sein. Aber bevor Sie sich Gedanken um mich machen: Das ist kein Problem für mich. Ich werde sie nämlich nicht mehr brauchen. Lesen Sie es mir von den Lippen ab: das Wort, auf das es hier ankommt, lautet »Hilfe«, und selbst meine Familie stimmt mir zu, dass ich davon sehr viel brauche.

AUSZEIT

Stop! Es reicht! Sollten wir uns nicht doch lieber eine Verschnaufpause von ein paar Jahrzehnten gönnen? Hat denn niemand etwas Besseres zu tun, als den fortwährenden technischen Fortschritt zu fordern? Ich persönlich halte mich für ziemlich modern. Meine Computerkenntnisse sind durchaus zufriedenstellend (jetzt). Ich bin in der Lage herauszufinden, was gerade im Kino läuft, und kann sogar die Karten online kaufen. Ich kann *fast* schon allein meinen Scanner bedienen und stehe kurz davor, meine eigenen CDs zu brennen. Und was mich und meine Digitalkamera angeht, schicke ich jetzt all meinen Freunden, zumindest denen, die im Besitz eines Computers sind, einmal pro Woche entzückende Bilder von meinen Enkelkindern. Und für diejenigen meiner Freunde, die keinen Computer haben, drucke ich die Fotos aus.

Aber jedes Mal, wenn ich glaube, ich hätte es geschafft und sei auf alles vorbereitet, macht die Technik einen riesigen Sprung, und schon hinke ich wieder drei Generationen hinterher. Ich habe nur ein einfaches Handy – eines, mit dem ich telefonieren kann, wenn ich in meinem Auto sitze oder die Straße entlanggehe und meiner Freundin unbedingt sagen will, dass ich gerade links abbiege. Es macht weder Fotos noch hält es mich über meine Termine auf dem Laufenden. Es zeigt keine Texte an und macht auch keine Musik. Es ist erst ein paar Jahre alt: wenn ich es allerdings aus meiner Handtasche hole – tja, genauso gut könnte es auch eine Wählscheibe haben.

Was meinen Camcorder angeht, so hat er mit mir zusammen die Welt bereist. Ich war immer der Meinung gewesen, dass ich mit ihm ziemlich gute Videofilme drehen würde. Welch ein Irrtum. Eines Tages musste ich erfahren, dass die Zahl meiner Megapixel geradezu lächerlich gering ist. Mit so wenigen Pixeln sei es erstaunlich, dass ich überhaupt irgendetwas filmen konnte. Nun, wenn ich darauf vertrauen könnte, dass die Pixel-Zahl wenigstens für eine gewisse Zeit konstant bliebe, würde ich ohne zu zögern aufrüsten. Aus Erfahrung weiß ich jedoch, dass das, was heute noch »mega« ist, schon morgen »mini« sein wird. Mein Problem wäre also in keinster Weise gelöst.

Mit dem technischen Fortschritt der Fernsehgeräte mitzuhalten ist auch nicht einfacher. Zumal es hier von Abkürzungen nur so wimmelt. Das allerdings sollte uns nicht weiter überraschen, da Fernseher von Anfang an als TV-Geräte bezeichnet wurden. Jetzt höre ich, dass unser Fernseher mit einem LCD[1] oder besser noch TFT-LCD[2] ausgestattet und HDTV[3] ready sein sollte. Und wie wichtig ist ein CGMS[4] für mich? Ist das auch auf einem Bildschirm zu sehen, der nur semi-flat ist?

Ich finde es beunruhigend, nicht einmal darüber informiert zu sein, worüber ich mir Sorgen machen sollte. Fakt ist, dass ich mir nicht einmal vorstellen kann, wohin die technische Entwicklung gehen wird. Ich habe keine Ahnung, was momentan »in« ist, geschweige denn, was kurz davor steht, endgültig für »out« erklärt zu werden. Deshalb habe ich folgende Idee entwickelt: Trotz des vielen Geldes, das die Pharmaunternehmen investiert haben, um ein Heilmittel für eine gewöhnliche Erkältung zu finden, trotz der Unsummen, die die Automobilkonzerne in die Entwicklung von benzinsparenden Motoren und die Stromkonzerne in die Erschließung neuer Energiequellen gesteckt haben, plagen wir uns noch immer mit unseren triefenden Nasen, verbrauchen wir nach wie vor Mega-Gallonen von Benzin und verbrennen Öl in solchen Mengen, als gehöre uns der ganze Mittlere Osten. Könnten wir nicht ein paar der Technik-Freaks, die gerade an einem Faxgerät arbeiten, das

---

1 Liquid crystal display (Flüssigkristallbildschirm)
2 Thin film transistor liquid crystal display (Dünnschichttransistor-Flüssigkristallbildschirm)
3 High-definition television (hochauflösendes Fernsehen)
4 Copy generation management system (Kopierschutzmechanismus)

»Dixie« singt, von dieser Aufgabe entbinden und sie stattdessen bitten, einige der wirklich wichtigen Probleme in Angriff zu nehmen? Wahrscheinlich könnten auch sie die drängenden Fragen nicht sofort beantworten, aber wenigstens hätten wir dann ein wenig mehr Zeit, um herauszufinden, was all die Abkürzungen bedeuten, bevor sie – so wie wir – hoffnungslos veraltet sind.

ALTERSLOS

Für meine Mutter war der Begriff »Seniorin« immer ein Schimpfwort. Sie muss um die fünfundsechzig gewesen sein, als diese Bezeichnung aufkam. Und sie hätte weder vor der Regierung noch sonst vor irgendjemandem zugegeben, dass sie in ebendiese Kategorie fiel. Obwohl sie dazu berechtigt war, verzichtete sie etliche Jahre darauf, sich bei Medicare anzumelden oder in ihrer Geldbörse irgendetwas mit sich herumzutragen, das auch nur die Aufschrift »Seniorin« trug.

Ihr Alter war, genau wie das ihrer Schwestern oder ihrer Mutter, nichts, worüber man in unserer Familie sprach. Durch kleine versteckte Andeutungen, ein verstohlenes Lächeln oder vage Anspielungen gab man uns Kindern manchmal zu verstehen, dass Tante Marguerite, die Älteste der Schwestern, *viel älter* sei, als einer von uns je vermuten würde, und meine Mutter, die Jüngste, noch ein halbes *Kind* gewesen sein muss, als sie meinen Vater heiratete, da wir, ihre Kinder, ja jetzt schon fast erwachsen seien.

Damals, in den dreißiger Jahren, war das Verhalten meiner Mutter keine Ausnahme. Die meisten Filmschauspielerinnen waren mindestens zehn Jahre älter, als sie behaupteten. Mannequins, die aussahen wie achtzehn, waren dreißig. Und selbst den eigenen Ehemann ein klein wenig anzuflunkern, was das eigene Geburtsdatum anging, war nicht ungewöhnlich. Zu jener Zeit war die Regel »Frage eine Frau niemals nach ihrem Alter« ein unanfechtbarer Teil des Gesellschaftsvertrags.

Dennoch wussten viele meiner Freunde nicht nur, wie alt ihre Mütter waren, sie sprachen auch offen darüber, was mich zu der Annahme führte, dass es mit dem Alter in unserer Familie etwas ganz besonders Geheimnisvolles auf sich hatte. Waren wir irgendwie vom Alterungsprozess befreit? Mit neun oder zehn sah ich aus wie jede andere Neun- oder Zehnjährige, aber – so fragte ich mich immer wieder – wann würde sich das ändern? Wann würde ich feststellen, dass ich *nicht* die verräterischen Fältchen bekam, die ich eigentlich bekommen sollte? Oder schlimmer noch: Würde ich möglicherweise die Einzige in unserer Familie sein, die nicht wesentlich jünger aussah als ihre Altersgenossinnen? Als Kind ließ mir dieses Geheimnis keine Ruhe, und sosehr ich mich auch bemühte, fand ich niemals heraus, wie alt meine Mutter wirklich war.

Als mein Bruder mit vierundzwanzig Jahren heiratete (sein Alter war kein Geheimnis) und bereits ein

Jahr später Vater wurde, wurde meine Mutter, dem natürlichen Lauf der Dinge folgend, im zarten Alter von … zur Großmutter. Uns allen war bewusst, dass sie noch viel zu jung war, um Großmutter zu sein, allerdings um *wie viel* zu jung, das blieb uns allen ein Rätsel. Wir akzeptierten ihre Behauptung jedoch immer, ohne auch nur ein einziges Mal nachzufragen. Ihr erstes Enkelkind und all die Enkel, die noch folgen sollten, nannten sie »Nana« – ein nebulöser Kosename, freundlich, doch auf keinen Fall altersspezifisch. Ein Kosename, der nichts, aber auch gar nichts von Schaukelstuhl oder grauen Haaren an sich hat.

Apropos graue Haare. Dies war ein anderes Tabuthema in unserer Familie. Nicht allzu viele Großmütter ließen es damals zu, dass sich »silberne Fäden im Gold« zeigten. »Nur dein Friseur weiß Bescheid«, war ein viel zitierter Ausspruch dieser Zeit. Und wenn eine Frau tatsächlich einmal graues Haar hatte, dann wies es gewöhnlich einen unübersehbaren Blaustich auf. Vermutlich sollte das den Anschein erwecken, dass sie sich ihr Haar hatte silbern färben lassen, da sie noch viel zu jung war, um auf natürliche Weise graue Haare zu bekommen. Die Haare meiner Mutter waren »natürlich« braun, ein Braun allerdings, das im Laufe der Jahre unerklärlicherweise immer heller wurde.

Wenn in ihrem Leben irgendwelche gravierenden Veränderungen eintraten, hatten wir stets den Eindruck, dass ihr das viel früher widerfuhr als allen anderen. Sie heiratete früher, wurde früher Mutter, kam früher »in den Wechsel«. Irgendwie war es ihr sogar gelungen, uns davon zu überzeugen, dass sie ihre Rente schon bekam, noch bevor sie zweiundsechzig Jahre alt war. Wir fanden in unserem Haus jedoch niemals ihre Geburtsurkunde, und so gab es keine Möglichkeit, unseren Verdacht zu bestätigen.

Die Eitelkeit war jedoch nur einer der Gründe, warum meine Mutter nicht über ihr Alter sprechen wollte. Sie hatte ihr ganzes Leben große Angst davor, dass man sie für altmodisch halten könnte. Vielleicht war es auch allein schon das Wort »alt«, das sie störte. Als »Seniorin« oder »Großmutter« zu gelten war für sie gleichbedeutend mit »vom Mainstream abgeschnitten« zu sein. Obwohl sie niemals berufstätig war, war sie ihrer Zeit weit voraus und sich somit der aufkeimenden Vorurteile gegenüber dem Alter stets bewusst. Sie hatte wohl deshalb auch ständig das Gefühl, dass all ihre Gedanken und Ideen an Wert verlieren würden, wenn bekannt werden würde, wie alt sie war.

Wohl auch, um ihr Geheimnis zu wahren, sprach meine Mutter niemals von der »guten alten Zeit«. Der nostalgische Blick in die Vergangenheit war für sie das sicherste Zeichen dafür, dass jemand alt wurde. Bei ihr gab es niemals ein Als-ich-noch-ein-kleines-Mädchen-war oder Ich-erinnere-mich-noch-als. Ich hingegen hätte nur allzu gern etwas über Gaslichter, Eisschränke oder von Pferden gezogene Straßenbahnen, kurz gesagt darüber, wie es 1915 in New York ausgesehen hatte, erfahren. Das war jedoch undenkbar, denn wenn sie auch nur einmal über das Leben Anfang des zwanzigsten Jahrhunderts gesprochen hätte, hätte sie zugeben müssen, dass sie das Ganze miterlebt hatte.

Obwohl meine Mutter sich standhaft weigerte, über ihr Alter auch nur zu *sprechen*, war sie für eine Frau in ihren …zigern stets bemüht, sich angemessen zu kleiden und auch zu verhalten. Als ich ein Teenager war, trug sie weder Söckchen noch Turnschuhe. Tatsächlich war es so, dass sie Frauen, die sich »mädchenhaft« gaben, sogar verachtete. Sie selbst konnte man vielleicht am treffendsten als »reife Frau« beschreiben, was man ihr jedoch keinesfalls sagen durfte. »Reif«, das war auch eines der Worte, die sie verabscheute.

Natürlich kam auch für sie irgendwann einmal die Zeit, da sie anerkennen musste, dass sie nicht mehr jung war. Wenn sie nicht mehr so viel kochte und backte wie früher, bemerkte sie jedoch niemals: »Das liegt dran, dass ich alt geworden bin.« Nein, sie sah uns, nachdem sie widerwillig zugegeben hatte, ein wenig erschöpft zu sein, an und erklärte: »Ich werde älter, wisst ihr.« Und dann wartete sie auf den ungläubigen Ausdruck in unseren Augen, der ihr sagte, dass uns das noch überhaupt nicht aufgefallen war. Natürlich war es uns aufgefallen. Wir ließen es uns nur nie anmerken.

Ich andererseits habe allen, die es hören wollten, immer gern Auskunft darüber gegeben, wie alt ich bin. Falls es ein Alter-Verleugnungs-Gen geben sollte, nun, dann habe ich es jedenfalls nicht geerbt. Vielleicht ist es ein letzter Rest meiner rebellischen Grundeinstellung als Jugendliche, denn damals versuchte ich, mich von meiner Mutter abzugrenzen. Jedenfalls habe ich meine Geburtstage, vor allem die runden – den dreißigsten, vierzigsten, fünfzigsten und so weiter –, mit allem, was dazugehört, gefeiert. Das heißt nicht, dass nicht auch ich eitel wäre. Als ich siebzig geworden war und der Busfahrer meinen Ausweis sehen wollte, bevor er mir den reduzierten Fahrpreis für Senioren gewährte, erzählte ich voller Freude meiner ganzen Familie davon. Ich selbst staunte wieder einmal darüber, wie jung *wir* doch alle aussehen, selbst wenn *wir* alt, äh … älter geworden waren.

Nachdem meine Mutter gestorben war, fand ich unter all ihren Papieren auch ihre Geburtsurkunde. Wie ich feststellte, war sie gar nicht *so* jung gewesen, als sie heiratete, Kinder bekam und Großmutter wurde. Ich war schockiert. Natürlich starb sie viel zu jung, aber da war sie immerhin schon … Jahre alt.

DEN NIPPEL
DURCH DIE LASCHE ZIEH'N

Jedes Mal, wenn die durchschnittliche Lebenserwartung wieder steigt (sie liegt inzwischen bei neunundsiebzig Jahren für Frauen und vierundsiebzig Jahren für Männer), denke ich daran, dass sich damit auch die Zahl der Menschen erhöht, die nicht mehr in der Lage sein werden, ohne fremde Hilfe ein Gurkenglas zu öffnen.

Während die medizinische Forschung Tausende von Laborratten bei dem Versuch »verbraucht«, ihr Leben und damit letztlich auch das unsere zu verlängern, hat sich die Gesellschaft entschlossen, eine Welt zu erschaffen, in welcher diese glücklichen Siebzig- und Achtzigjährigen sich nicht mehr zurechtfinden.

Falls Sie mir das jetzt nicht glauben, dann sehen Sie sich doch einfach einmal eine sogenannte Blisterpackung etwas genauer an. Eines ist offensichtlich. Wer auch immer diese fiese Art der Verpackung erfunden hat, er muss seine Eltern abgrundtief gehasst haben. Warum sonst sollte man eine Verpackung auf den Markt bringen, bei der man eine Axt braucht, um sie zu öffnen? (War Lizzie Borden wirklich ein Monster, oder hatte sie einfach nur versucht, eine Schachtel mit Büroklammern zu öffnen?) Als diese unsäglichen Plastikverpackungen erstmals auftauchten, hatte ich noch gehofft, ich könnte ihnen aus dem Weg gehen, wenn ich einfach darauf verzichtete, etwas zu kaufen, das in dieses unzerstörbare Material eingeschlossen war. Bald jedoch stellte sich heraus, dass ich dann eine ganze Reihe von Dingen nicht mehr würde kaufen können: keine Kamera, keine Batterie, keinen Kugelschreiber, keine Actionfigur, keinen Rasierapparat, keinen Fön, kein USB-Kabel, keinen Taschenrechner, kein Uhrenradio, keine Haarbürste, kein Fleischthermometer, keinen Bilderrahmen, kein Buchlicht, keine Druckerpatrone, kein Reise-Scrabble, keine Haushaltswaage, keine elektrische Zahnbürste, keinen Lockenstab, keine Schutzbrille, keinen Handstaubsauger.

Das Bild, das ich mir vom Ruhestand gemacht hatte, sah nicht unbedingt so aus, dass ich jeden Tag Stunden damit verbringen würde, neuerworbene Gegenstände aus ihren Plastikkäfigen zu befreien. Es ist eine Sache, am Vormittag von Thanksgiving das Thermometer mühsam aus der Packung zu schälen, um es dann in die Truthahnbrust zu stecken; eine ganz andere ist es aber, dringend ein Pepsin zu brauchen und eine halbe Stunde später immer noch krampfhaft zu versuchen, die kleine Tablette aus ihrer fest versiegelten Blisterpackung zu drücken.

Auf den ersten Blick sehen die Klarsichtverpackungen ja völlig harmlos aus. Besser jedenfalls als die Styroporflocken, die jedes Mal, wenn man etwas auspackt, den Fußboden wie Neuschnee bedecken. Und niemand kann und wird abstreiten, dass Blisterpackungen für ein zerbrechliches Produkt genau das Richtige sind. Wer kann schon sagen, wie ein schnurloses Telefon bei ihm ankommen würde, wenn es in einem altmodischen Karton verpackt wäre? Andererseits: Hat sich schon irgendjemand die Frage gestellt, welchen Schaden ein modern verpacktes Produkt nehmen kann, wenn der frustrierte neue Besitzer alles Erdenkliche versucht, um es endlich in den Händen zu halten? Messer? Schraubenzieher? Ahle? Eine durchbohrte Druckerpatrone ist wirklich kein schöner Anblick.

Wenn der Hersteller wenigstens mit einem großen aufgedruckten Pfeil darauf hinweist, an welcher Ecke man ziehen, kneifen oder reißen soll, um die Packung zu öffnen, haben diejenigen von uns, die noch über genügend Kraft in den Händen verfügen, vielleicht eine reelle Chance, an den Inhalt heranzukommen. Unglücklicherweise bleibt es jedoch meistens der Phantasie des Käufers überlassen, wo sich die Verpackung am besten öffnen lassen könnte. Daher ist es auch höchst unwahrscheinlich, dass es einem gelingt, seinen Fön in Betrieb zu nehmen, solange die Haare noch feucht sind, oder den Wecker auszupacken, bevor es Zeit zum Aufstehen ist.

Ohne als Seniorin meine Muskeln allzu kühn spielen zu lassen, möchte ich die Hersteller an dieser Stelle doch an eines erinnern: Es sind die Babyboomer und Menschen wie ich, die einen großen Teil Ihrer Produkte kaufen. Und aus diesem Grund bin ich auch der Meinung, dass es mir durchaus zusteht, Ihnen folgende Frage zu stellen: Was gedenken Sie für Ihre besten Kunden zu tun?

EINE ALTE FRAU ERZÄHLT

Ich habe kein Problem damit, dass Menschen Fehler machen. Aber warum sollten meine Kinder oder Enkelkinder dieselben Fehler noch einmal machen, die bereits ich gemacht habe? Es schmerzt mich, tatenlos dabei zusehen zu müssen, wenn unsere Sprösslinge, all unsere Warnungen missachtend, unter Leitern (oder Kränen) hindurchgehen, nichts unternehmen, wenn ihnen eine schwarze Katze über den Weg läuft, und ihren Hut achtlos aufs Bett werfen, ohne auch nur einen einzigen Gedanken daran zu verschwenden, was ihnen an diesem Tag noch geschehen mag.

Ich sage meinen Kindern stets das Eine: Wir selbst haben nicht allzu viel Kontrolle über das, was in unserem Leben geschieht (es kann, wie jeder weiß, jederzeit etwas schiefgehen). Warum sollten wir das Schicksal dann noch herausfordern? Angenommen, ihr wollt heiraten und eure Mutter warnt euch: »Singst du schon vor sieben Uhr, bringt das vor elf dir Tränen nur.« Wäre es dann wirklich eine Katastrophe, erst nach der Zeremonie ein Lied anzustimmen?

Ist es nicht sinnvoller, in jeder Hinsicht und für jeden erdenklichen Fall Vorsorge zu treffen? Ihr arbeitet hart, wisst, was ihr wollt, und habt euer Ziel schon fast erreicht, warum dann ein Risiko eingehen? Ihr mögt vielleicht glauben, dass euer »kühnes« Verhalten keine negativen Folgen haben wird, aber könnt ihr euch dessen auch wirklich sicher sein? Wollt ihr das Glück herausfordern?

Gerade in meiner Familie sollte man sich daran erinnern, was alles passieren kann, wenn man versucht, sich in den Lauf der Dinge einzumischen. Ich habe meinen Kindern die Geschichte schon oft genug erzählt. Die Geschichte, die erklärt, warum ich nur einen Meter achtundfünfzig groß geworden bin, während alle um mich herum zu schlaksigen Teenagern und dann zu hünenhaften Erwachsenen heranwuchsen. Ich war neun oder zehn Jahre alt (und nebenbei bemerkt, das größte Mädchen der fünften Klasse) und lag in der Turnhalle mit dem Rücken auf der Matte, bereit, mit meiner Übung zu beginnen, als irgendjemand über meine ausgestreckten Beine hinwegstieg. Einfach so, ohne jede Vorwarnung, und peng … mein Schicksal war besiegelt. Das behauptete jedenfalls Alice Moskowitz. Ihre Großmutter hatte das schon ihrer Mutter erzählt: Wenn jemand über deine ausgestreckten Beine steigt, hörst du auf zu wachsen. Das sei, so behauptete Alice, kein abergläubischer Unsinn, sondern Fakt. Damals war ich mir nicht sicher, ob Alice Recht hatte, jetzt aber, mehr als sechzig Jahre später, widerspreche ich ihr nicht mehr. Dies vor allem in Anbetracht der Tatsache, dass ich mich auf die Zehenspitzen stellen muss, um selbst meinem jüngsten Enkelkind einen Gutenachtkuss geben zu können.

Als ich erfuhr, dass es, wenn ich auf eine Spalte zwischen zwei Pflasterseiten trete, meinem Vater das Kreuz brechen könnte, habe ich um jeden noch so kleinen Riss im Bürgersteig einen weiten Bogen gemacht. War es nur bloßer Zufall, dass mein Vater niemals in seinem Leben Kreuzschmerzen hatte? Vielleicht. Oder war doch ich es, die beste aller Töchter, die dafür verantwortlich war?

In aller Fairness: Wenn mich jemand fragen würde (zugegebenermaßen ein höchst unwahrscheinliches Szenario), ob ich jemanden persönlich kenne, der nur deshalb den ganzen Tag lang vom Pech verfolgt wurde, weil er seine Schuhe auf den Esstisch gestellt hat, dann müsste ich mit einem klaren Nein antworten. Man muss sich jedoch fragen, wie ein solches Gerücht überhaupt hatte entstehen können, wenn nicht irgendjemand irgendwann nach einer solchen Missetat einen völlig ruinierten Tag hatte?

Obwohl ich manchmal tatsächlich das Gefühl habe, dass überirdische Kräfte am Werk sind, wäre ich die Letzte, die meinen Kindern raten würde, sich einfach zurückzulehnen und jede Konsequenz ihres

Handelns als Schicksal zu akzeptieren. Was ich damit sagen will, ist vielmehr: Hört auf das, was Mutter Natur euch sagen will. Passt auf, wo ihr hintretet. Bringt nur so viele Marienkäfer um wie unbedingt nötig. Vermeidet es tunlichst, Salz zu verschütten (und falls es doch passieren sollte, dann werft sofort etwas davon über eure linke Schulter). Hütet euch, im Haus euren Regenschirm aufzuspannen (es sei denn, das Dach ist undicht).

Mit einigen Dingen kann man wahrlich nur schwer umgehen, und manche sind überhaupt nicht zu verstehen. Die Geheimnisse des Universums verwirren mich genauso wie alle anderen Menschen auch. Kann es sein, dass ich kurz vor unserem lang ersehnten Urlaub nur deshalb einen Nesselausschlag bekam, weil mir mein Handspiegel aus der Hand fiel und zerbrach? Wer weiß? *Aber* seitdem habe ich keinen Handspiegel mehr benutzt, und meine Haut ist auch heute noch glatt wie ein Babypopo.

An gute Omen glauben die Menschen im Allgemeinen wesentlich bereitwilliger als an schlechte. Wessen Tag sieht nicht gleich ein wenig freundlicher aus, nachdem er auf einer Wiese zufällig ein vierblättriges Kleeblatt gefunden hat? Und wer bezweifelt schon einen Zusammenhang zwischen der Tatsache, dass er vormittags ein Jucken in der Handfläche verspürt hat und der Postbote am Nachmittag einen ansehnlichen Scheck in den Briefkasten wirft? Ich kenne keinen einzigen Menschen, der nicht auf Holz klopft, wenn er etwas Erfreuliches verkündet. Und jemand, der vor dem Frühstück dreimal niest oder versehentlich seine Sachen verkehrt herum anzieht, ist normalerweise mehr als nur bereit zu glauben, dass ein herrlicher Tag vor ihm liegt.

Zu meiner großen Bestürzung entdecke ich selbst in meiner eigenen Familie manchmal einen Hauch von Skepsis. Dies kam ans Licht, als ich mir im letzten Jahr einen Weisheitszahn ziehen ließ und ein kleiner Dreikäsehoch (einer meiner Enkel) mir vorwarf, ich würde noch immer glauben, die Zahnfee würde einen Vierteldollar unter mein Kopfkissen legen. Falsch. Jeder, der mich kennt, wird bestätigen, dass ich mit beiden Beinen fest auf dem Boden der Tatsachen stehe. Das ist wohl auch der Grund dafür, weshalb ich in meinem Leben sehr viel Glück hatte. Wenn ich mich nämlich immer wieder einmal versichere, dass meine Füße tatsächlich die Bodenhaftung nicht verloren haben, sehe ich des Öfteren einen Penny. Ungläubige werden mir jetzt entgegenhalten, dass es sich heutzutage nicht lohnt, sich für einen Penny zu bücken. Ich bin da völlig anderer Meinung.

Wenn dir ein Penny vor die Füße rollt,
hebe ihn auf, und das Glück ist dir hold.

Wenn man von einigen Ausnahmen absieht, hat das im Großen und Ganzen auch ganz gut funktioniert. Ich besitze außerdem eine beachtliche Anzahl von

Pennies. Jedenfalls genügend, um für mehrere Schulklassen Kaugummis aus dem Automaten ziehen zu können.

Ich weiß, dass es da draußen viele Menschen gibt, die meinen Glauben an diese Zusammenhänge nicht teilen. Falls Sie zu ihnen gehören und sich jetzt vielleicht fragen, warum *meine* Petersilie so viel üppiger wächst als die *Ihre*, dann kann ich Ihnen nur sagen:

Wo die Frau ist Herr im Haus,
schlägt die Petersilie aus.

ÜBER

DIE

GESUNDHEIT

Obwohl Gesundheit ein Thema ist,
vor allem für uns, die Senioren –
wer ungebeten Ratschläge gibt,
trifft meist auf taube Ohren.

ERGÄNZENDE
INFORMATIONEN

Wenn Sie mich vor zehn Jahren gefragt hätten, was ein Antioxidans ist, hätte ich vermutlich geantwortet: Das ist ein Silberputzmittel mit Anlaufschutz. Beim Begriff »freie Radikale« hätte ich wohl sofort an einen Gefängnisausbruch gedacht. Was soll ich Ihnen sagen? Ich hatte in puncto Ernährung so wenig Ahnung, dass ich doch tatsächlich der Meinung war, eine Multivitamintablette und etwas Eisen würden ausreichen, um das Defizit auszugleichen, wenn ich außer dem kleinen Eisbergsalat, der neben dem Schinkentoast auf meinem Teller lag, an diesem Tag keinerlei Gemüse zu mir genommen hatte. Mea culpa.

Erst als sich immer mehr Gesundheitsbroschüren in der Post fanden, als im Fernsehen regelmäßig für Vitaminpräparate geworben wurde und unzählige Ernährungsratgeber die Buchhandlungen überschwemmten, da wurde mir endlich bewusst, wonach mein Körper in all den Jahren geschrien hatte. Nahrungsergänzung, Nahrungsergänzung und noch einmal Nahrungsergänzung.

Nachdem mir erst einmal klar geworden war, dass ich, wenn ich nur ungefähr fünfzehn bis zwanzig Pillen pro Tag einnahm, etwas gegen Knochenschwund, trockene Haut, Muskelschmerzen, Haarausfall, Erschöpfung, Ängstlichkeit, Verstopfung und Schlaflosigkeit tun und gleichzeitig meine Leberfunktion, meine Libido, meinen Teint und meinen Stoffwechsel verbessern konnte, da begann mein Blut wieder frei und ungehindert durch meine Adern zu strömen.

Während ich also jeden Morgen brav meine Pillen schlucke, spüre ich förmlich, wie die Haare auf meinem Kopf sprießen. Ich benötige inzwischen nur noch ungefähr fünfzehn Minuten, bis ich 1500 mg Knoblauch, 400 IE Vitamin E, 10 000 IE Vitamin A, 400 IE Vitamin D, 40 mg Zink, 600 mg Vitamin C, 200 mg Selen, 500 mg Echinacea, 1500 mg Kalzium, 750 mg Glucosomin, 150 mg CoQ10 und 1000 mg Propolis eingenommen habe. Das CoQ10, was auch immer das sein mag, ist dabei besonders teuer. Aber wie ein Ernährungswissenschaftler es vor kurzem so ungemein treffend formulierte: »Wenn Sie sich im Alter von hundert Jahren noch selbst die Schnürsenkel binden können, kann dafür doch kein Preis zu hoch sein!«

Ich weiß, dass es inzwischen viele Menschen gibt, die den Nahrungsergänzungen durchaus skeptisch gegenüberstehen. Sie sagen, dass wir all diese zusätzlichen Nährstoffe auch aus sogenannten »angereicherten« Produkten bekommen können: aus Getreideflocken, aus unserer Pasta, aus unserem Brot. Nichts für ungut, aber das bezweifele ich dann doch sehr. Wie können wir denn sicher sein, dass die ABCs, um nur ein Beispiel zu nennen, dort tatsächlich auch drin sind? Und selbst wenn sie es sind, wie und in welcher Form sind sie dort hineingekommen? Enthält wirklich jede einzelne Flocke von Total jeden einzelnen der neunzehn Nährstoffe, die auf der Packung aufgeführt sind? Werden sie aufgesprüht? Oder werden sie zusammen mit den Flocken in eine Papiertüte gesteckt und kräftig geschüttelt, während ein stolzer Arbeiter danebensteht und stolz verkündet: »Alle Vitamine sind drin. Das habe ich selbst gesehen.«

Mit dem Wissen, das ich jetzt habe, würde ich mein Wohlergehen nur ungern irgendwelchen »Geister-Nährstoffen«, die noch niemand von uns je zu Gesicht bekommen hat, anvertrauen. Außerdem bin ich mir sicher, dass mein körperlicher Zustand für sich selbst spricht. Auch ein nur flüchtiger Beobachter würde angesichts meiner vollen Haare, meines makellosen Teints und meiner schlanken Taille sofort davon überzeugt sein, dass ich »irgendetwas nehme«. Wie sonst ließe sich mein beschwingter Gang erklären, bei dem sich meine Arme rhythmisch auf und ab, und immer wieder auf und ab bewegen, wenn nicht mit all den Kapseln, die ich unzerkaut hinunterschlucke und die meine Gelenke so vorzüglich schmieren und mich so beweglich halten?

Vielleicht, aber auch nur vielleicht, könnte ich das auch mit viel grünem Blattgemüse, Magermilchprodukten und Vollkornbrot schaffen. Vielleicht könnte ich ja zusätzlich das Molybdän weglassen, und – doch das wäre ein wirkliches Wagnis – auf die Omega-3-Fettsäuren verzichten und mich nur noch von Lachs und Buchweizenpfannkuchen ernähren. Nun, vielleicht könnte ich das wirklich und vielleicht würden sich meine Wimpern dann von allein locken, allerdings wäre das dann nicht mehr ich. Ich kenne mich ganz genau. Die Wahrheit ist, dass ich mich noch nie von irgendwelchen Modeerscheinungen habe beeinflussen lassen.

WERBUNG ZAHLT SICH AUS

Krankenhausrechnungen können heutzutage astronomisch hoch ausfallen. Tausend Dollar pro Tag für ein Zweibettzimmer – selbstverständlich sind hierin die Papiertaschentücher auf dem Nachtkästchen nicht enthalten – gelten heutzutage als das untere Ende der Skala. Wie kann es dann sein, dass wir mit Reklame für Krankenhäuser, die um Patienten werben, geradezu bombardiert werden? »Wir verfügen über ein *herausragendes* onkologisches Zentrum«, verkündet die Werbung. »Kommen Sie nach Westchester« (wahlweise auch New Jersey oder Long Island).

Ich bin ein Mensch, der der Werbung vertraut. Auch wenn Sie mir das jetzt nicht glauben, ich tue es wirklich. Wann immer ich im Radio von einem phantastischen neuen Produkt höre, überlege ich mir ernsthaft, sofort anzuhalten, aus dem Wagen zu springen und in das nächste Geschäft zu stürmen, um es zu kaufen. Das gilt für Fleckenentferner genauso wie für Spaghettisoße und für fettfreie Doughnuts. Wenn es sich bei dem angepriesenen Produkt jedoch um ein Krankenhaus handelt und man mir, einer eingefleischten Einwohnerin von Connecticut, ernsthaft nahelegen will, für meine nächste Gehirntumoroperation das Massachusetts Central in Erwägung zu ziehen ... grundgütiger Himmel! Auch dann halte ich am Straßenrand an, aber nicht, um etwas zu kaufen.

Zunächst einmal steht unser Haus in Connecticut und damit mindestens zweihundert Meilen vom Mass Central, dem Hoboken Memorial oder der Eastern Long Island Surgery entfernt. Und selbst wenn es überaus verlockend klingt: Ich bin mir nun wirklich nicht sicher, ob ich, falls ich oder einer meiner Lieben – Gott behüte uns davor – jemals Metastasen entwickeln sollte, Hunderte von Meilen weit fahren würde, um mich dort einer ambulanten Strahlentherapie oder einem der anderen wirklich phantastisch klingenden nicht-invasiven medizinischen Verfahren zu unterziehen.

Seht die Sache doch einfach einmal etwas realistischer. Weder der honigsüße Ton noch der fröhliche Text vermögen doch, wenn man sich einmal die Mühe macht, etwas genauer hinzusehen, in irgendeiner Weise darüber hinwegzutäuschen, für was für ein überaus deprimierendes Produkt hier tatsächlich geworben wird. Wie verlockend kann man denn eine Herztransplantation überhaupt darstellen? Werde ich mich wirklich sofort auf den Weg zum Eastern Poultice machen, nur weil ich höre, wie ein zufriedener

Patient die Vorzüge dieses Krankenhauses preist, das eben die unblutige Prostataoperation durchgeführt hat, nach der er so lange gesucht hat? Wird es wirklich irgendjemand riskieren, seinen bereits erhöhten Blutdruck noch mehr in die Höhe zu treiben und sich in den Verkehr zu stürzen, nur um eine weit entfernte medizinische Einrichtung aufzusuchen, die ihm mit freundlichen Worten verspricht, seine Hypertonie zu behandeln?

Die Werbefuzzis wissen ganz genau, wie sie einem den Tag ruinieren können. Da fährst du gemütlich mit deinem Auto über die Landstraße, genießt einen schönen, sonnigen Nachmittag, dein Lieblingssender spielt tolle Musik und – wumm! Da wird dir dieser Werbespot um die Ohren gehauen: »Haben Sie Probleme mit der Verdauung, leiden Sie unter Schlafstörungen, oder kommen Sie morgens nicht aus dem Bett? Sieht für Sie die Welt düster und hoffnungslos aus? Falls Sie eines oder mehrere dieser Symptome bei sich feststellen, leiden Sie möglicherweise an einer klinischen Depression. Menschen wie Sie suchen wir: Wir bieten Ihnen an, an einer wissenschaftlichen Studie der South Jersey Laboratories teilzunehmen.« Toll. Und was ist der zweite Preis?

Manchmal hört sich das Ganze an wie in einem Quiz. Fachgebiet: Gesundheit. Frage: Wissen Sie, was in unserem Land die Hauptursache für Blindheit ist? Antwort: Diabetes. Sie können sich sicher sein: Ich weiß es.

Ich frage mich oft, wie viele Menschen tatsächlich von einer Stimme aus dem Radio, die versucht, ihnen eine Hormontherapie gegen Osteoporose oder eine Gefäßplastik bei verstopften Arterien zu verkaufen, oder die Sie fragt, ob Sie in letzter Zeit ein wirklich gutes MRT hatten, zum Handeln veranlasst werden.

Ich habe den Eindruck, dass die Krankenhäuser heutzutage große Schwierigkeiten haben, ihre Kassen zu füllen. Trotzdem verfügen sie wohl über das nötige Kleingeld, um eine aggressive Werbekampagne zu finanzieren. Wenn ein Krankenhaus seine Betten belegen möchte, indem es Patienten aus anderen Regionen wildert; wenn es auf Werbung angewiesen ist und dabei eine Operation am offenen Herzen so darstellt, wie wenn es um nichts anderes ginge, als einen Fleck aus einem Kaschmirpullover zu entfernen; könnte es dann nicht so sein, dass wir einfach zu viele Krankenhäuser haben? Oder wird hier nur der amerikanische Traum bis zur letzten Konsequenz verfolgt?

In diesem Land kann selbst ein ambulantes Behandlungszentrum langfristige Pflege anbieten. Wenn ein Krankenhaus also Sendezeit im Radio kauft, um der ganzen Welt von seinem unglaublich erfolgreichen Embolie-Team zu erzählen, und dafür bei den Wattetupfern und dem Lysol knausern muss, wer bin ich dann schon, um das zu kritisieren? Ich weiß, die Werbefreiheit ist ein hohes Gut. Aber auch ich habe meine Freiheiten, und eine davon ist die Freiheit, den

Sender zu wechseln. Eine andere ist, darauf zu achten, dass mein nächstes Autoradio eine deutlich gekennzeichnete, leicht erreichbare »Mute«-Taste hat.

FRAGEN SIE IHREN ARZT
ODER APOTHEKER

Allein im letzten Monat habe ich vier Gesundheitsbroschüren bekommen – zwei von hiesigen Kranken-
häusern, eine von einer herausragenden Universität
und ein Rundschreiben speziell für Frauen von einer
alternativen Medizingruppe in Vermont, wo ich vor
etlichen Jahren einmal angehalten habe, um Ahorn-
sirup zu kaufen. Hinzu kommt, dass ich hinsichtlich
der aktuellen Fortschritte in der Behandlung von
Krebs, Herzkrankheiten, Sodbrennen und Schlaganfall auf dem neuesten Stand bin (in der Zeitung
schlage ich immer zuerst die Wissenschaftsseite auf).
Außerdem habe ich acht Staffeln von *ER* und zwei
von *Grey's Anatomy* zu Hause. Nur Nielsen weiß, wie
viele Folgen von *Marcus Welby, M. D.* (möge er in
Frieden ruhen) ich gesehen habe. Zählen Sie hierzu
noch ein lebenslanges Abonnement des *Prevention
Magazine*, und Sie haben jemanden vor sich, der –
und ich denke, die meisten Menschen werden mir da
zustimmen – bestens informiert ist.

Da ich nun also über all diese wertvollen Informationen verfüge, bin ich in der Lage, meine eigenen, sorgfältig diagnostizierten medizinischen Entscheidungen zu treffen. Als interessierter Laie mit einem akademischen Titel, der im Übrigen in meinem Badezimmer an der Wand hängt und auf dem »Bachelor of Arts« steht, hatte ich bis jetzt nur selten Anlass, einen Arzt zu konsultieren. Selbst wenn er bereit wäre, noch an dem Tag, an dem ich ihn anrufe, ans Telefon zu kommen, würde ich damit wohl nur seine überaus kostbare Zeit verschwenden. Wer könnte schon besser als ich selbst sagen, welche Symptome bei mir auftreten und welche Schritte sofort unternommen werden müssen? Erst letzten Monat las ich in *Consumer Diagnostics* einen Artikel, der genauestens beschrieb, wie man bei Schmerzen in der Brust erkennt, ob diese auf das Herz zurückzuführen sind oder ob sie mit den Muskeln des Oberkörpers in Zusammenhang stehen. Wenn ich bei meiner Diagnose zu dem Ergebnis komme, dass die Schmerzen tatsächlich etwas mit dem Herzen zu tun haben, werde ich meinen Arzt belästigen. Ich werde ihn bitten, mir ein Rezept für Procardia auszustellen, da ich annehme, dass das Ganze auf eine beginnende Angina pectoris zurückzuführen ist. Wenn ich aber zu dem Ergebnis komme, dass hier einfach nur ein Muskelkrampf vorliegt, werde ich zwei Aspirin nehmen (was zufälligerweise im Anfangsstadium eines Schlaganfalls oder eines Herzinfarktes auch nicht verkehrt ist). Falls die Schmerzen länger als drei Tage anhalten, werde ich meinen Arzt konsultieren – oder vielleicht doch lieber die neueste Ausgabe von *Arthritis Today*, je nachdem, wer oder was mir zuerst in die Hände fällt.

Glücklicherweise stehen denjenigen von uns, die die so oft und eindringlich wiederholten Worte »heutzutage sollten Sie Ihr eigener Arzt sein« ernst nehmen, medizinische Informationen nicht nur im Fernsehen, sondern auch in jeder möglichen gedruckten Form (Amazon verzeichnet 116 272 Bücher zu diesem Thema) zur Verfügung. Wenn Sie also einmal nachts nicht schlafen können (dafür gibt es im Übrigen mannigfaltige Gründe: Stress, zu viel Koffein, schlechte Matratze), gehen Sie doch einfach auf healthfinder.gov, mayoclinic.com oder eine der anderen 2 550 000 000 Websites mit Gesundheitsinformationen, die Ihnen Google innerhalb von 0,09 Sekunden nennt. Und das alles gebührenfrei und ohne Abonnement. Wie auch immer Ihre Beschwerden aussehen mögen, sei es nun eine Angina oder Zöliakie, solange Sie wissen, mit welchem Buchstaben die Krankheit beginnt, werden Sie fündig werden. Darüber hinaus werden Sie auch unzählige Links zu wissenschaftlichen Beiträgen, zur empfohlenen Behandlung, zu bewährten Medikationen und zu Zentren finden, die auf die Behandlung gerade dieser Krankheit spezialisiert sind.

In diesem Jahr habe ich mich bereits eingehend über Bluthochdruck, über die Vogelgrippe, über Lyme-Borreliose und über eingewachsene Zehennägel informiert. Ich habe alle Medikamente, die ich einnehme, hinsichtlich zu erwartender schädlicher Wechselwirkungen überprüft (da ich jedoch nur ein einziges, nämlich ein Statin einnehme, sind auch nur Grapefruits für mich tabu). Dabei habe ich eine Menge neuer Namen gelernt, die sich als nützlich erweisen könnten, wenn ich mich eines Tages gezwungen sehe herauszufinden, welches Medikament mich »normaler« machen wird.

Im Grunde kann ich sagen, dass ich all den Pharmaunternehmen, den Bloggern und den selbsternannten Gesundheitsexperten unendlich dankbar dafür bin, dass sie mich nunmehr nahezu täglich darüber informieren, was neu auf dem Markt ist. Das betrifft sowohl die Krankheiten selbst als auch die hieraus resultierende Behandlung. Sie scheinen sich alle sicher zu sein, dass ich, obwohl ich niemals eine offizielle medizinische Ausbildung erhalten habe (heutzutage ist das ohnehin nur eine reine Formsache), die neuesten Forschungsergebnisse richtig zu interpretieren weiß. Und falls ich, wovon jedoch nicht auszugehen ist, doch einmal ein wenig unsicher sein sollte, was ich mit all diesen Informationen, mit denen ich täglich bombardiert werde, anfangen soll, kann ich ja noch immer meinen Arzt oder Apotheker fragen. Angesichts meiner Sachkenntnis wird er sich sicherlich zu einem kollegialen Fachgespräch bereit erklären.

VORHER, SCHLAGANFALL, NACHHER

Ich war schon immer eine Feministin – jedenfalls bis zu einem gewissen Punkt. Ich bin für gleiche Bezahlung für gleiche Arbeit und all die anderen Dinge, über die man nicht ernsthaft streiten kann. Aber seit dem ersten Tag unserer Ehe vor über fünfzig Jahren wussten sowohl mein Mann als auch ich, wer von uns beiden den Müll rausbringt oder den Hund früh am Morgen und spät am Abend ausführt. Es stand auch niemals zur Diskussion, wer wen vor dem Theater oder dem Restaurant absetzt, wenn es regnete.

Vor zwei Jahren hatte dann mein Mann einen Schlaganfall. Wenn mich jemand bis dahin gefragt hätte, wer auf die Leiter steigt und die Glühbirne in der Garage austauscht oder wer dem verstopften Abfluss mit der Saugglocke zu Leibe rückt, war es bestimmt nicht mein Name gewesen, der mir in den Sinn gekommen wäre. Das hat sich grundlegend geändert. Viele unserer Freunde, die meinen Mann im Krankenhaus besuchten, als sich die dunklen Tage nach dem Schlaganfall allmählich wieder aufzuhellen begannen und mein Mann anfing, die einst so selbstverständlichen Fertigkeiten wie Stehen, Gehen und Sprechen wieder mühsam neu zu erlernen, verkündeten damals mit der Weisheit jener, die leider schon ähnliche Erfahrungen gemacht hatten, dass unser Leben von nun an niemals wieder so sein würde wie zuvor.

Zu diesem Zeitpunkt betrachtete ich ihre unheilvollen Worte sozusagen noch in kosmischen Dimensionen. Es war doch klar, dass wir in Zukunft keine Trekkingtouren durch den Himalaja mehr unternehmen würden. Aber andererseits hatten wir ja ohnehin noch nie irgendwelche Touren durch den Himalaja gemacht. Was jedoch niemand erwähnte (und worauf ich deshalb auch nicht im Geringsten vorbereitet war), waren Dinge, wie sie sich an dem Abend, bevor mein Mann aus dem Rehazentrum entlassen wurde, ereigneten. Es war gegen zehn Uhr abends, und es regnete. Als ich unsere Wohnung betrat, stellte ich fest, dass es darin so um die sechs Grad hatte, also eiskalt war. Der Grund dafür war, wie ich zu meinem Verdruss feststellen musste, ein kompletter Heizungsausfall.

Der Mann vom Kundendienst, der meinen verzweifelten Anruf entgegennahm, fragte mich: »Haben Sie schon einmal versucht, den Reset-Knopf zu drücken?« Ich selbst hatte das zwar noch nie getan, hatte aber meinem Mann dabei zugesehen und wusste deshalb, wo sich der Knopf am Heizkessel befand. Der Heizkessel wiederum stand in unserer zweiten Garage, zu der es von unserer Wohnung aus keinen direkten Zugang gab. Um den Knopf zu drücken, blieb mir also nichts anderes übrig, als in die Dunkelheit und den Regen hinauszugehen. In der Garage musste ich dann zuerst den Kessel und schließlich den kleinen roten Knopf finden. Angesichts dieses Gedankens sah ich mich instinktiv nach jemandem um, den ich hätte schicken können. Da ich jedoch – wie nicht anders zu erwarten war – niemanden sah, blieb mir nichts anderes übrig, als mich selbst auf den unangenehmen Weg zu machen. Ich drückte also den Knopf und – wumm – der Heizkessel sprang auf der Stelle an. Pudelnass, aber in absoluter Hochstimmung kehrte ich ans Telefon zurück und meldete: Mission erfüllt. Ich, eine typische JAP[5], hatte höchst eigenhändig dafür gesorgt, dass es in unserem Zuhause wieder warm wurde.

Das war jedoch nur der Anfang. Obwohl mein Mann mit jedem Tag wieder kräftiger wurde, gab es noch immer viele Dinge, zu denen er nicht mehr in der Lage war. Zum Beispiel Auto fahren. Also stand meine sofortige Beförderung zum Direktor des Transportwesens an. Jetzt also war ich es, die, egal ob es

---

5 Jüdisch-amerikanische Prinzessin: ein Mädchen, das von seinen Eltern gehätschelt, gepäppelt und umsorgt wird. Und später dann von seinem Ehemann gehätschelt, gepäppelt und umsorgt wird.

regnete oder die Sonne schien, meinen Mann direkt vor der Tür absetzte und dann den Wagen irgendwo am Rande eines schlecht beleuchteten Parkplatzes abstellte. Und wenn die Benzinanzeige verkündete, dass ich, wenn ich nicht sofort tanken würde, mit großer Wahrscheinlichkeit auf dem Heimweg liegen bleiben würde, war niemand überraschter als ich selbst, dass es mir gelang, den Elementen zu trotzen, zu tanken und sogar noch die Quittung für meine Kreditkartenzahlung herauszuziehen. Damit wir uns nicht falsch verstehen, wir sprechen hier von nichts anderem als einer Art Wiedergeburt.

Meine Machtübernahme war auch für meinen Mann nicht einfach. Obwohl er, rein technisch gesehen, nicht mehr selbst fahren konnte, saß er noch immer auf dem Fahrersitz, wenn Sie wissen, was ich meine. Er wies mich stets auf den kürzesten Weg von hier nach dort hin, und machte mich, jedes Mal, wenn ich »falsch« abbog, freundlich darauf aufmerksam. Er erinnerte sich plötzlich auch an alle Geschwindigkeitsbegrenzungen auf sämtlichen Straßen der Umgebung, etwas, das ich offensichtlich völlig vergessen hatte.

Die Zeit verging. Mein Mann feilte unermüdlich weiter an meinen Fahrkünsten, hielt mich pflichtbewusst über die Termine der Müllabfuhr auf dem Laufenden und beriet mich intensiv in der Frage, wie viel Trinkgeld ich geben sollte, wenn ich im Restaurant die Rechnung bezahlte. Die meiste Zeit – nun, wenigstens einen guten Teil der Zeit – störten mich seine Bevormundungen nicht im Geringsten, denn sie waren ein Zeichen dafür, dass er sich langsam, aber stetig von den Folgen des Schlaganfalls erholte.

Und auch ich selbst machte ein paar Fortschritte. Meine Muskeln wurden so kräftig, dass ich schließlich einen Koffer mit über zwanzig Kilo Gewicht am Flughafen ganz allein vom Gepäckband hieven konnte. Eine weitere meiner neuerworbenen Fähigkeiten bestand darin, ohne jede fremde Hilfe eine durchgebrannte Sicherung zu finden und sie einzusetzen, so dass wir wieder Strom im Schlafzimmer im oberen Stockwerk hatten.

Wir kamen beide eigentlich ganz gut zurecht. Dann, an unserem Hochzeitstag, dem ersten seit dem Schlaganfall, brach ein besonders helles Licht durch die Wolken. Ein wunderschöner Korb mit Blumen wurde für mich an unserer Tür abgegeben. Sie kamen von meinem Mann. Er hatte die Finger seiner rechten Hand mit purer Willenskraft dazu gebracht, die Nummer von 1-800-Flowers zu wählen und ganz allein dieses wirklich schöne Bukett bestellt. Zuerst weinte ich, als ich die Blumen sah, denn ich wusste, wie schwer es ihm gefallen sein musste, diese einst so einfache Aufgabe zu bewältigen, und wie sehr er an sich gearbeitet haben musste, bis ihm das gelang. Dann aber lächelte ich, weil mir bewusst wurde, dass sich unsere Rollen seit dem ersten Tag unserer Ehe nicht wirklich verändert hatten, obwohl sich unsere Arbeitsteilung ein klein wenig verschoben hatte und ich jetzt diejenige war, die die schweren Dinge hob. Hier war der blühende Beweis dafür. *Er*, mein Mann, kümmerte sich noch immer auf die ihm eigene, jetzt zudem noch hart erkämpfte Weise um *mich*.

BITTERE MEDIZIN

Es ist kein Wunder, dass die Ärzte sich darüber aufregen, wenn Pharmaunternehmen ihre Patienten
direkt bewerben. Viele der unzähligen Werbespots für
Arzneimittel, die im Radio oder im Fernsehen laufen,
sind so unglaublich verlockend, dass ich selbst kaum
noch weiß, wofür ich mich entscheiden soll. Soll es
Potocan sein, die absolute Sensation auf dem Arznei-
mittelmarkt, die bei meiner Neuralgie wahre Wunder
bewirken und gleichzeitig nur äußerst geringe Neben-
wirkungen haben soll (zum Beispiel Gleichgewichts-
störungen, Gedächtnisverlust und plötzliche Taub-
heit)? Oder sollte ich besser doch zu Vandacor greifen,
das mich vielleicht etwas weniger wahrscheinlich ins
Koma befördern würde?

Für verschreibungspflichtige Medikamente zu werben ist, genau betrachtet, eine wirklich clevere Mar-
ketingstrategie. Die Pharmaunternehmen haben, nach
anfänglichem Zögern, doch von den Dealern gelernt,
wie man ein Produkt richtig an den Mann bringt:

Man muss zuerst einmal Nachfrage schaffen. Das Produkt auf eine Weise bewerben, dass ich, die Konsumentin, es unbedingt haben will. Die Reklamefritzen wissen ganz genau, dass ich, wenn ich von einer seit zehn Jahren bettlägerigen Zweiundneunzigjährigen höre, die nach der Einnahme von Exoflexochlorizin wieder fröhlich das Tanzbein schwingt, meinen Arzt geradezu anflehen werde: VERSCHREIBEN SIE MIR DIESES MEDIKAMENT.

Ich will es aus demselben Grund haben, aus dem ich auch die neue Silberpolitur haben will, für die im Fernsehen geworben wird – weil man mir verspricht, dass mein Silber mit dieser Politur sauberer und glänzender wird als mit allem, was ich bis jetzt verwendet habe. Wohlgemerkt: Ich kann mich über meine alte Silberpolitur nicht beklagen. Aber wenn ich noch mehr Glanz für dasselbe Geld bekommen kann, dann werde ich diese Politur kaufen. Selbst wenn in der Gebrauchsanweisung zu lesen ist, dass sie das Silber angreifen wird, wenn man sie länger als sechzig Sekunden einwirken lässt. Selbst wenn ich Schutzhandschuhe tragen muss, damit ich mir die Hände nicht verätze, und mir für den – jedoch höchst unwahrscheinlichen – Fall, dass meine Augen auf das in dem Produkt enthaltene Antipolydrozamin reagieren, eine Schutzbrille kaufen muss.

Ob ich nun ein Silberputzmittel oder ein Medikament kaufe, der einzige Unterschied ist, dass ich für das Putzmittel kein Rezept brauche. Die Sache mit diesen Rezepten ist ohnehin ein einziges Ärgernis. Wieso ist eine krakelige Unterschrift nötig, damit ich mir das kaufen darf, was gut für mich ist? Ich bin durchaus selbst in der Lage, anhand meiner Symptome eine Diagnose zu stellen und mir das richtige Medikament zu verordnen. Ich habe mehrere der anerkanntesten medizinischen Fachzeitschriften abonniert, und ich lese äußerst gewissenhaft alles, was Jane Brody schreibt. Und falls ich tatsächlich einmal irgendwelche zusätzlichen Informationen brauche, nun, dann finde ich sie mit Sicherheit im Internet. Diejenigen, die weiterhin auf ihr Arzneimittelprivileg pochen, sollten endlich aufwachen. Und auch die Ärzte müssen begreifen, dass wir uns Patienten angesichts der völlig überlasteten Mediziner, die die Vorgaben der Gesundheitsprogramme erfüllen müssen, heutzutage selbst um unsere Gesundheit kümmern müssen. Ich bin mir sicher, dass mein Hausarzt alles tut, um sich über die neuesten Entwicklungen in der Medizin auf dem Laufenden zu halten, aber wie viel Zeit kann er tatsächlich vor dem Fernseher oder dem Radio verbringen?

Obwohl jetzt einige Leute entgegenhalten mögen, dass die Pharmaindustrie besser daran täte, ihre Dollars in die Forschung anstatt in die Werbung zu stecken, stimme ich in diesem Punkt nicht mit ihnen überein. Es gibt da draußen ein paar wirklich große Spieler, und über sie möchte ich Bescheid wissen. Wie kann ich meinem Arzt sonst sagen, was er mir verschreiben soll? Und obwohl er es mir niemals direkt gesagt hat, so bin ich mir doch sicher, dass er es durchaus zu schätzen weiß, wenn ich ihn wissen lasse, dass es auf dem Markt ein besseres Medikament gibt als das, was ich bislang von ihm verschrieben bekommen habe. Produkte auf der Grundlage von Werbung auszusuchen ist meine Spezialität! Ich habe überaus erfolgreich meine trockene Kopfhaut, die Flecken auf meinem Teppich und meine glanzlosen Toilettenschüsseln behandelt. Warum also sollte mir das nicht auch bei meiner Gallenblase gelingen?

FIT FÜRS LEBEN

Das Institute of Medicine empfiehlt den Amerikanern neuerdings, täglich eine Stunde Sport zu treiben (das ist doppelt so viel, wie noch vor kurzem empfohlen wurde, und viermal so viel wie früher, als die Experten zwanzig Minuten täglich, fünfmal die Woche – oder waren es fünf Minuten viermal täglich oder acht Minuten zweimal täglich? – für ausreichend hielten). Diese Empfehlung gilt selbstverständlich nur dann, wenn man den richtigen Sport treibt und wenn man sinnvoll trainiert. Allgemein ist man der Auffassung, dass Schwimmen der beste Sport ist, es sei denn, Sie müssen einer Osteoporose vorbeugen. In diesem Fall sollten Sie durch gezieltes Krafttraining Ihren Oberkörper stärken. Dabei dürfen Sie jedoch nicht vergessen, dass Sie sich beim Gewichtheben im anaeroben Bereich befinden. Da ein aerobes Training jedoch unerlässlich für das Herz-Kreislauf-System ist, sollten Sie daneben auch noch joggen, walken oder Fahrrad fahren. Und das vor dem Essen, denn nach dem Essen müssten Sie mindestens eine Stunde warten, bevor Sie sich körperlich anstrengen.

Für Ihr Wohlbefinden ist es nämlich von entscheidender Bedeutung, wann Sie etwas essen, und vor allem natürlich, was Sie essen. Sie müssen reichlich Kohlenhydrate aufnehmen, um Ihre Energiespeicher aufzufüllen, es sei denn, Sie gehören zu jenen Menschen, denen Kohlenhydrate nicht gut bekommen, und die deshalb mehr Proteine und Ballaststoffe zu sich nehmen sollten. Vergessen Sie bitte auch nicht, dass der Zucker, den Sie mit diesen acht Portionen Obst und Gemüse zu sich nehmen, nicht derselbe Zucker ist, der in einem Gelee-Doughnut steckt, der wiederum mehr Fett enthält, als ein durchschnittlicher Mensch in einer Woche verbrennt. Das gilt selbstverständlich nicht für die Fischöle, von denen man nicht genug bekommen kann. Sie sind besser als Fleisch – da es sich bei Fleisch um ein Protein handelt, das bei einer gesunden Ernährung vollkommen unnötig ist. Diese sollte jedoch reichlich Bohnen und Getreide enthalten. Daneben ist auch Reis zu empfehlen, natürlich immer nur Vollkornreis. Auch auf Sojaprodukte, die manchmal allerdings nicht genügend Kalium und Vitamin D liefern, sollten Sie nicht verzichten. Glücklicherweise kann Soja auch durch Milchprodukte wie Joghurt, Käse und saure Sahne ersetzt werden.

Es sei denn, Sie haben erhöhte Cholesterinwerte. In diesem Fall sollten Sie Vollmilch oder Eier von

Ihrem Speiseplan vollständig streichen und lieber zu den Ersatzprodukten, die in den Lebensmittelgeschäften angeboten werden, greifen. In diesen wird das Fett durch eine Reihe von sogenannten Austauschstoffen ersetzt. Diese wiederum sollten Sie allerdings meiden, wenn Sie sich Sorgen um Ihre Leber oder Ihren Blutdruck machen. Ihr Blutdruck nämlich wird durch die übermäßige Aufnahme von Salz, welches sich in nicht unerheblichen Mengen in Fertigsuppen, Tiefkühlmenüs, Sojasoße, Worcestersoße, Tomatensoße, Kräckern, gesalzenen Nüssen und Salami befindet, völlig unnötigerweise in die Höhe getrieben. Die Salami enthält außerdem noch viele gesättigte Fette. Diese sind zwar nicht so schlimm wie einfach gesättigte Fette, aber mindestens noch genauso schlimm wie mehrfach ungesättigte Fette, die man um jeden Preis meiden sollte – allerdings nur dann, wenn nicht seelische Probleme aus diesem Verzicht resultieren. Diese wirken sich in Ihrem Körper geradezu verheerend aus (sie schwächen das Immunsystem, beeinträchtigen das Sehvermögen, verursachen Schlaflosigkeit und verstärken allergische Reaktionen), und das wird Sie, selbst wenn Sie regelmäßig Sport treiben, Fleisch und Milchprodukte durch biologisch angebautes Gemüse ersetzen und McDonald's wie die Pest meiden, schließlich unter die Erde bringen.

10.000 SCHRITTE ODER
EIN SPAZIERGANG AUF
DEM PARKPLATZ

Mein letzter Besuch beim Augenarzt hat mein Leben grundlegend verändert. Nicht etwa, weil ich feststellen musste, dass ich die Buchstabenfolge »a t v e n z q s« in der dritten Reihe von unten nicht mehr lesen konnte, sondern weil mein Blick, während ich darauf wartete, dass die Tropfen wirkten, mehr oder weniger zufällig auf eine Zeitschrift fiel, auf deren Titelblatt die Überschrift »10 000 Schritte zu einem längeren und gesünderen Leben« prangte.

Die Aussicht, dass ich eines Tages zu Willard Scotts »Club der Hundertjährigen« gehören könnte, machte mich dann doch neugierig, und so schlug ich die Zeitschrift auf Seite zweiundzwanzig auf, wo der Artikel begann. Jeder einzelne Satz dort enthielt absolut unwiderlegbare Argumente, die diese Behauptung felsenfest untermauerten. Mein Herz, meine Lunge, meine Blutgefäße, all sie schrien förmlich danach, dass ich endlich die notwendigen Schritte unternahm.

Und dabei waren weder eine besondere Ausrüstung noch ein teurer Unterricht erforderlich. Ich brauchte nur meine Sneakers anzuziehen und einfach loszumarschieren.

Aber (und das war ein wirklich großes Aber) war ich dazu überhaupt noch in der Lage? Ich bin schon seit vielen Jahren eine überzeugte Vorstädterin. Ich gehe nicht zu Fuß, ich fahre mit dem Auto … und zwar überallhin: zum Briefkasten, zum Supermarkt, der, wie ich zugeben muss, nur einen einzigen Häuserblock entfernt ist, und zum Gymnastikkurs, der wiederum nur einen halben Häuserblock vom Supermarkt entfernt stattfindet. Wenn ich parke, dann suche ich mir einen Parkplatz, der so nahe wie möglich an meinem Ziel liegt. Ich vergebe insgeheim sogar Punktzahlen für die Entfernung: zehn Punkte bedeutet direkt vor der Tür; neun Punkte, ein paar Meter entfernt und so weiter. Bei weniger als sechs Punkten fahre ich so lange im Kreis, bis ein Parkplatz mit höherer Punktzahl frei wird.

Trotz aller Begeisterung war mir also durchaus bewusst, dass es für mich eine echte Herausforderung bedeuten würde, überhaupt tausend Schritte zusammenzubekommen, geschweige denn, zehnmal so viele Schritte an einem Tag zu schaffen. Da ich jedoch schon seit langem den geheimen Wunsch hege, hundert Jahre alt zu werden, und in dem Artikel unmissverständlich dargelegt wurde, dass ich meine Chancen, dieses Alter auch zu erreichen, deutlich verbessern konnte, wenn ich nur kräftig genug ausschreiten würde, beschloss ich, mir einen Schrittzähler zuzulegen (3,83 Dollar plus Steuer) und mit meinem lebensverlängernden Programm auf der Stelle zu beginnen.

Die dem Gerät beiliegende Gebrauchsanweisung war einfach zu verstehen. Dort stand, dass ich zuerst zehn Schritte gehen und die zurückgelegte Entfernung messen solle. Diese sollte ich dann wiederum durch zehn teilen –und voilà: Schon hätte ich meine exakte Schrittlänge ermittelt. Als Nächstes sollte ich das kleine Gerät mit dem Clip am Bund meines Rocks oder meiner Hose befestigen, und dann könnte es auch schon losgehen.

Erfreulicherweise ließ die Bedienungsanleitung keine unrealistischen Hoffnungen aufkommen. »Erwarten Sie nicht, Ihr Ziel über Nacht zu erreichen«, mahnte sie. »Steigern Sie Ihre Aktivität langsam. Wir schlagen 400 Schritte täglich vor. Wenn Ihnen das über zwölf Tage hinweg gelungen ist, haben Sie Ihr Ziel erreicht: 10 000 Schritte.« Ich war also bestens vorbereitet.

Die Bilanz des ersten Tages war absolut niederschmetternd: 3 262 Schritte! Und das, obwohl ich den Schrittmesser, sobald ich aus dem Bett gestiegen war, sogar an meinem Pyjama befestigt hatte. Wies die Gebrauchsanweisung vielleicht einen Druckfehler auf? War es vielleicht sogar möglich, dass sich meine Taille weniger oft bewegte als meine Beine, wodurch es zwangsläufig zu einer Fehlmessung kam? Da ich in der Gebrauchsanweisung jedoch keine Hinweise auf ungewöhnliche Körpertypen fand, beschloss ich, mit meinen Messungen erst einmal fortzufahren.

Dabei wurde mir jedoch schon bald bewusst: Wir hätten ein größeres Haus kaufen sollen. Ich konnte einfach nicht glauben, dass zwischen unserem Schlafzimmer und meinem Büro im oberen Stockwerk tatsächlich nur 40 Schritte liegen sollten. Und ich erarbeitete mir auch keine extra Schritte, wenn ich mich, während ich die Treppe hinaufstieg, jeweils mit beiden Füßen auf die Stufen stellte. Im Wohnzimmer und im Esszimmer unseres trauten Heims, das plötzlich auf Liliputaner-Größe geschrumpft zu sein schien, herumzumarschieren, fügte der Bilanz nur ganze 74 Schritte hinzu, womit also noch 9886 zurückzulegen waren. Mit einem zweimaligen Rundgang durch das Wohn- und Esszimmer konnte ich, bevor ich zu arbeiten anfing, diese Zahl auf 9812 Schritte reduzieren. Das war immerhin schon ein erster Erfolg, aber welche Schritte – im wahrsten Sinne des Wortes – konnte ich noch unternehmen?

Die Vorstädte bieten im Wesentlichen nur zwei Möglichkeiten, um zu Fuß zu gehen: im Supermarkt und im Einkaufszentrum. Vor dem Schlüsselerlebnis im Wartezimmer meines Augenarztes hatte ich mich häufig darüber beklagt, wie groß der Supermarkt sei. Wenn ich die Mayonnaise vergessen hatte und bereits bei den Papierservietten war, musste ich – so kam es mir zumindest vor – meilenweit zu Gang eins zurückgehen, wo ich doch schon in Gang dreizehn gewesen war. Es ist mir peinlich, das zugeben zu müssen: Mir war bis dahin nicht bewusst, dass die Innenarchitekten bei der Gestaltung des Supermarktes nur an meine Gesundheit gedacht hatten. Anstatt über die weiten Wege zu stöhnen, so wie ich es früher getan hatte, begrüßte ich nun freudig die Erschöpfung, die ich empfand, wenn ich auf der Suche nach einer Schachtel Kleenex in den Gängen umherirrte. Für mich war der Supermarkt jetzt mehr als nur ein ermüdender Ort, er war vielmehr ein Trainingsgelände. Dort konnte ich meine tägliche Bilanz um fast 2500 Schritte verbessern, und an vergesslichen Tagen sogar noch um fünf- oder sechshundert mehr.

Auch das Einkaufszentrum ist ein Paradies für Fußgänger. Ich kann nicht einmal schätzen, wie viele Schritte zwischen dem Macy's und J.C. Penney liegen, den beiden Warenhäusern, die an den entgegengesetzten Enden liegen. Eines Tages, da bin ich mir sicher, werde ich diesen Marathon in Angriff nehmen; vorerst genieße ich jedoch erst einmal die 785 Schritte, die man zurücklegen muss, um vom Haupteingang des Zentrums über die Verkaufsräume von Lord & Taylor bis zum großen Platz in der Mitte zu gelangen. Wenn ich von Victoria's Secret zu Banana Republic gehe, dann weiter zu Gap und zu Ann Taylor, dann macht mein Schrittzähler regelrechte Freudensprünge:

3978 Schritte. Zählen Sie nach! Und dabei habe ich noch nicht einmal etwas eingekauft!

Sowohl der Parkplatz des Supermarktes als auch der des Einkaufszentrums bieten genügend Gelegenheiten für einen Fußmarsch. Um die magischen 10 000 zu erreichen, musste ich jedoch mein Punktesystem vollkommen umstellen. Jetzt gab es umso mehr Punkte, je weiter der Parkplatz entfernt war. Tatsächlich war es kein Problem, einen freien Parkplatz zu finden, der ewig weit vom Eingang entfernt lag, besonders dann nicht, wenn es regnete. Auf diese Weise gelang es mir, der täglichen Gesamtsumme mehr als 300 Schritte, und zwar in jeder Richtung, hinzuzufügen. Da ich sehr bescheiden angefangen hatte, dauerte es fast vier Wochen, bis ich größere Zahlen auf meinem kleinen Schrittzähler bewundern konnte. Ich wusste, wie interessiert meine Familie, meine Freunde und auch viele andere Menschen an meinen Fortschritten waren, und führte daher täglich Buch. Das Folgende ist eine detaillierte Aufstellung jenes einen Tages, an dem ich mich selbst übertraf:

Vom Schlafzimmer zum Büro:	40
Durchs Wohnzimmer/Esszimmer (zweimal):	148
Vom Schreibtisch zum Bücherregal:	24
Vom Büro zum Kühlschrank (zweimal):	92
Zum Briefkasten und zurück:	446
Vom Supermarkt zur Gymnastikstunde:	758

Von der Gymnastikstunde zum Auto zurück:	475
Im Supermarkt:	2855
Auf dem Parkplatz beim Supermarkt (hin und zurück):	558
Im Einkaufszentrum:	3978
Auf dem Parkplatz beim Einkaufszentrum (hin und zurück):	632
	10006

Sie sehen also: Mein Leben hat sich verändert, und es besteht überhaupt kein Zweifel daran, dass ich das meinem Augenarzt zu verdanken habe. Seit ich meine Schritte zähle, esse ich mehr, weil ich die 46 zusätzlichen Schritte zum Kühlschrank gut gebrauchen kann. Ich kaufe mehr ein, und zwar einfach deshalb, weil ich mehr Zeit im Supermarkt verbringe; und wie Sie wissen, stellt jedes Einkaufszentrum eine einzige Versuchung dar. (Es könnte also durchaus sein, dass mein Puls nicht so sehr vom vielen Gehen steigt, sondern vielmehr deshalb, da ich so viele Dinge sehe, die zu kaufen ich mir nicht leisten kann.) Was nun die Langlebigkeit angeht, so ist es einfach noch zu früh, um eine endgültige Prognose zu wagen. Obwohl die hundert am Ende eines 10000-plus-Tages durchaus erreichbar scheinen.

DIÄTERFAHRUNGEN

Ich will keine zehn Pfund in zehn Tagen abnehmen, und ich will auch meinen Taillenumfang nicht in zwei Wochen um fünf Zentimeter reduzieren oder gar fünfzehn Pfund verlieren, bevor die Badesaison beginnt. Der Grund dafür ist: Das habe ich alles schon hinter mir. Nennen Sie mir nur eine Diät, die ich nicht schon ausprobiert habe.

Lange bevor die Weight Watchers in Jean Nidetchs Gedanken Gestalt angenommen hatten, habe ich schon die Metropolitan-Diät versucht, die drei wohl geplante kleine Mahlzeiten, in denen alle sieben Lebensmittelgruppen vertreten sind, propagierte; danach kam dann die Ry-Krisp-Diät, ebenfalls mit drei wohl geplanten kleinen Mahlzeiten, in denen alle sieben Lebensmittelgruppen vertreten sind, und dazu noch eine Unzahl anderer Diäten, mit und ohne offiziellen Namen.

Als Teenager hatte ich von einer Diät gehört, bei der man jede Menge Gewicht verlor, wenn man sich darauf beschränkte, den ganzen Tag nur ein einziges Lebensmittel zu essen. Ich entschied mich für Schokoladenmilchshakes. Ich genehmigte mir einen zum Frühstück, einen zum Mittagessen, einen zum Abendessen, und manchmal auch einen als Betthupferl. Mannomann, ich habe vielleicht abgenommen! Dies jedoch nicht so sehr wegen der Idee mit dem einen Lebensmittel, sondern vielmehr, weil ich alles erbrach, was ich in den zwei Wochen zuvor gegessen hatte. Es dauerte eine ganze Woche, bis ich mein altes Gewicht wieder erreicht hatte.

Dann war da noch die Drinking-Man's-Diät. Ich trank zwar nicht und ich bin auch kein Mann, aber ich liebe Steaks, und genau darum ging es bei dieser Diät. Fleisch! Steaks! So viel man wollte und dazu Schnaps (nur Franzosen tranken Wein). Scotch und Roggenwhiskey waren die Drinks meiner Wahl. Allerdings verzichtete ich dann doch darauf, diese Diät auszuprobieren, denn ich war erstens noch nicht volljährig und zweitens aß ich meine Cornflakes lieber mit Milch. Unser Nachbar machte sie jedoch; sie gefiel ihm so gut, dass er die nächsten zwanzig Jahre dabei blieb, dabei war er eigentlich früher Vegetarier gewesen.

Was ich an Dr. Atkins' Diätrevolution so unglaublich attraktiv fand, war die Tatsache, dass man bei ihm keine Kalorien zu zählen brauchte und er darüber hinaus kein Problem mit Eiweiß oder Fett hatte. Dr. Atkins wäre also mein Mann gewesen, wenn er nur nicht bei den Kohlenhydraten so streng gewesen wäre – ich mache mir zwar nicht viel aus Pasta, aber ich liebe Süßigkeiten, und die mickrigen zwanzig Gramm, die man mir zu Beginn der Revolution zugestanden hätte, empfand ich als geradezu lächerlich. Als mir erst einmal bewusst wurde, dass ich auf meine geliebten Kekse würde verzichten müssen, beschloss ich, es stattdessen mit der Boston-Police-Diät und ihrem Weight-Containment-Plan zu versuchen.

Wieder war Eiweiß erlaubt, doch Obst und Gemüse, egal in welcher Menge, waren strikt verboten. Also die dicken Daumen nach unten für diese Diät. Wenn ich mich schon der Staatsmacht anschließen würde, dann zog ich es doch vor, meine Befehle aus West Point zu erhalten. Dieser Fitness- und Diätplan war besser, dies nicht nur, weil er ausschließlich gesunde (oder ungesunde?) Fleischportionen zuließ und Fett keiner Beschränkung unterlag, sondern weil er darüber hinaus auch ein komplettes Trainingsprogramm anbot. Da 1977 die ersten Anzeichen für den Speck der mittleren Jahre bei mir unübersehbar wurden, kam ich zu dem Entschluss, dass es nicht schlecht wäre, wenn ich mir die Statur eines Kadetten zum Vorbild nehmen würde. Ich probierte es also eine ganze Woche lang. Als sich meine Maße jedoch nicht im Mindesten veränderten und man mir auch kein Offizierspatent in Aussicht stellen wollte, gab ich auf.

Weil ich Nichtraucherin bin, habe ich es mit der

»Raucherentwöhnungsdiät« gar nicht erst versucht, und als Antonettis »Computerdiät« in aller Munde war, besaß ich noch nicht einmal einen PC. Aber es gab schließlich noch genügend andere Diäten, um mich und meine Freundinnen auf Trab zu halten. Ich kenne alle Details der Scarsdale-Diät, sogar die intimen (ich sage nur: Jean Harris), der Stillman-Diät, der Diät von Dr. Solomon's High Health, Dr. Cooper's Fabelhafter Fruktose-Diät, und in späteren Jahren natürlich die des Pritikin-Principle-Diätplans. Zusätzlich zu den großen Namen verschlang ich natürlich geradezu alle Artikel, die zu diesem Thema in den Frauenzeitschriften standen und in denen man mir erklärte, wie ich mir meine mädchenhafte Figur bis in die Neunziger und sogar noch darüber hinaus erhalten konnte.

Dann hörte ich damit auf. Nicht etwa, weil bei mir keine Diät zum gewünschten Erfolg führte, nein, ganz im Gegenteil. Ich nahm bei fast jeder Diät tatsächlich ab. Ich nahm ab, wenn ich *weniger* Kohlenhydrate und *mehr* Fett aß, ich nahm jedoch genauso ab, wenn ich *mehr* Kohlenhydrate und *weniger* Fett aß. Es gelang mir, mein Gewicht zu reduzieren, wenn ich meine Energiezufuhr auf tausend Kalorien beschränkte, ich reduzierte mein Gewicht auch dann, wenn ich den Kalorien keinerlei Aufmerksamkeit schenkte. Mit großem Bedauern stellte ich fest, dass ich, wenn ich so viel Fleisch (und Fett) zu mir nahm wie ein Bostoner Polizist, irgendwann kugelrund sein würde; während mein Mann, der genau das Gleiche aß wie ich, kein einziges Gramm zunahm. Es war genau dasselbe wie bei dem Neunzigjährigen, den ich kenne. Der Mann ist spindeldürr und war den größten Teil seines Lebens kerngesund. Und wissen Sie, was das Gemeine ist? Er lässt sich jeden Abend vor dem Zubettgehen einen Becher Sahneeiscreme schmecken. Wenn ich jeden Abend auch nur einen halben Becher fettarmen Joghurt essen würde, müsste ich mir alle paar Monate neue Kleidung kaufen.

Die traurige Wahrheit ist: Es gibt Menschen, die essen können, was sie wollen, und dabei kein Gramm zunehmen, während andere einen Brownie nur ansehen und schon ein Pfund mehr auf den Hüften haben. Falls Sie, so wie ich, zur letzteren Kategorie gehören, so verrate ich Ihnen jetzt den einzigen schnellen und absolut sicheren Weg, um überflüssige Pfunde zu verlieren. Schritt eins: Wiegen Sie sich, während Sie einen schweren Gegenstand in der Hand halten. Schritt zwei: Lassen Sie diesen Gegenstand fallen. Sie werden erstaunt sein, wie schnell die Pfunde purzeln.

ÜBER

DIE

ENKELKINDER

Oh Kind meines Kindes,
da steh ich und bestaune nur
Dich, Du herrliches Ergebnis
des Wirkens der Natur.

HALLO, OMA, ...
WIE WÄR'S MIT EINEM
DELL AXIM X30?

Denken Sie auch wehmütig an die Tage zurück, als Sie, wenn Sie ein Spielwarengeschäft betraten, noch wussten, was Sie dort erwartete (eine Puppe ist eine Puppe ist eine Puppe)? Erinnern Sie sich auch noch gern daran, wie einfach es war, die überaus beliebten und ach so vertrauten G. I. Joes und Barbies, die früher ganz oben auf der Wunschliste der Kleinen standen, in den Regalen zu finden (und zu bezahlen)? Wenn ja, dann haben Sie, obwohl Sie die coolsten aller Großeltern sind, von den »Geschenkvorschlägen« auf den Listen Ihrer Enkel, die gerade einmal bis zehn zählen können, mit Sicherheit noch nie etwas gehört oder gesehen.

Wenn Sie so plötzlich in die geheimnisvolle Welt der Technik katapultiert werden, dann stecken Sie ohne digitalen Kompass ganz schön in der Klemme. Es gibt dabei drei Dinge, die Sie unbedingt bedenken müssen. Erstens: Das neueste Teil, das sich Ihre Enkelin oder Ihr Enkel zu Weihnachten, Hanukkah oder zum Geburtstag wünscht, wird sowohl Buchstaben als auch Ziffern in seinem Namen führen. Zweitens: Es wird nicht gerade billig sein. Und drittens: Sie werden nicht wissen, welchen Zweck es erfüllt, auch wenn Sie es in der Hand haben. Um es zu kaufen, werden Sie in einen Ihnen völlig unbekannten Super-Supermarkt mit plärrender Rap-Musik und Auslagen mit so viel Elektronik gehen müssen, dass man damit mit allen bekannten Planeten in unserem Universum und auch allen noch unbekannten in Verbindung treten könnte. Schließlich werden Sie einer Demütigung nicht entgehen. Da Sie nicht die geringste Ahnung haben, was Sie da eigentlich kaufen, haben Sie sich die Bezeichnung des Artikels sorgsam Buchstabe für Buchstabe, Ziffer für Ziffer von der Wunschliste Ihres Enkels auf einen Zettel notiert, denn schließlich wissen Sie ja inzwischen aus leidvoller Erfahrung, dass man nur ein »X« oder eine »3« zu vertauschen braucht, und schon ist der neueste MP3-Player völlig veraltet. Nun also sind Sie gezwungen, dem Verkäufer diesen Zettel auszuhändigen. Und genau in diesem Moment fühlen Sie sich wie ein Kind in einem alten Film, das man mit einem Zettel für den Schaffner in einen Zug gesetzt hat: »Kümmern Sie sich bitte gut um Suzy Adams, und sorgen Sie dafür, dass sie in North Wiponsky Falls aussteigt.«

Das Gute daran ist allerdings, dass Sie sich trotz der sich in astronomische Höhen schraubenden Kosten (eine Faustregel sagt, je älter das Enkelkind, desto höher der Preis) niemals Gedanken zu machen brauchen, ob dieser oder jener Enkel vielleicht schon ein Handy, einen DVD-Player oder eine Digitalkamera besitzt, denn das Motorola MOTOKRZR K1 (159,99 Dollar) das Sie ihm letztes Jahr geschenkt haben, wird in diesem Jahr schon wieder mega-out sein. Und wenn Sie der irrigen Meinung sein sollten, eine 8-Megapixel-Kamera (199,99 Dollar) wird wenigstens eine Zeit lang aktuell sein, zum Beispiel von einem Weihnachten zum nächsten, dann werden Sie einen gewaltigen Schock erleben, wenn Sie sehen, was die Geräte, die es in diesem Jahr gibt und die über mehr als zehn Megapixel verfügen, kosten (nämlich ab 350 Dollar aufwärts).

Aber keine Sorge. Ich kann Ihnen die beinahe perfekte Lösung verraten, wie Sie Ihrem Enkel seinen Herzenswunsch erfüllen können, ohne dabei Ihre Altersvorsorge aufs Spiel setzen zu müssen. Wenn es das iPhone 3G (299,99 Dollar) ist, das Ihr Enkelkind sich so sehnlich wünscht, kaufen Sie es! Doch seien Sie sich bewusst, dass bei den Kindern die Augen genauso groß sind wie der Magen, und legen Sie deshalb eine Karte bei, auf der steht:

Für Josh (Sarah, Eliza, Matthew):
Frohe Weihnachten! Fröhliches Hanukkah! Genieße ein tolles Jahr in der Schule! Alles Gute zum Geburtstag und, oh ja, alles Liebe zum St. Swithin's

Day. Für Glückwünsche zu Deiner bevorstehenden Hochzeit ist es vermutlich noch ein wenig zu früh.

Großmutter Lyla (Ward)

RATSCHLAG ABGELEHNT

Eine geschwollene Zunge ist ein Symptom, das oft darauf zurückzuführen ist, dass man sich ständig auf dieselbe beißen muss, um seinem erwachsenen Kind keine unerbetenen Ratschläge in puncto Kindererziehung zu geben.

Heutzutage weiß jede Großmutter, die ihre Laufschuhe wert ist, dass Ehrlichkeit nicht immer der beste Weg ist, wenn man mit seinen Kindern über deren Kinder sprechen will. Ganz gleich, wie gern oder wie dringend Sie Ihre Meinung zu irgendeinem Thema meinen äußern zu müssen, ich rate Ihnen dringend, verkneifen Sie es sich. Wenn der kleine Tommy, der nie vor elf Uhr ins Bett geht, tagsüber wie ein Schlafwandler durch die Gegend irrt, dann ist das eben so! Oder wenn Jenny mit ihrem gesamten Gebiss einschließlich der Backenzähne auf dem Beißring herumkaut, den sie gerade vom nicht sauberen Boden aufgehoben hat, verlieren Sie kein einziges Wort darüber. Sobald Sie spüren, wie ein entsetztes

Keuchen Ihrer Kehle entschlüpfen will oder vielleicht sogar ein Satz, der mit »Wie kannst du nur ...« beginnt, dann holen Sie erst einmal tief Luft, schlucken dann einmal kräftig und beißen sich schließlich fest auf die Zunge. Besser eine geschwollene Zunge als eine Tochter oder einen Sohn, der Ihr Babysitter-Privileg ernsthaft in Frage stellt.

Unerfahrenere Großmütter mögen anfangs noch den Fehler machen zu glauben, man würde sie um Rat fragen, wenn ihre Tochter oder ihre Schwiegertochter etwas sagt, das mit einem Fragezeichen endet. Zum Beispiel: »Sauber zu werden ist wirklich schwer, nicht wahr, mein kleiner Schatz?« Ihnen sollte bewusst sein, dass es sich dabei lediglich um eine rein rhetorische Frage handelt und nicht etwa um die Einleitung, auf die Sie schon so lange gewartet haben. Tun Sie, was immer Sie sich zu tun gezwungen sehen. Räuspern Sie sich, beißen Sie sich auf die Zunge, aber äußern Sie unter keinen Umständen Ihre Meinung, die da lauten würde: »Es wäre bei weitem nicht so schwer, wenn du nicht darauf gewartet hättest, dass er alt genug ist, um allein auf die Herrentoilette zu gehen.« Nein, nein und nochmals nein. Das, was in solchen Fällen dringend anzuraten ist, ist eine Reihe von m-hms, ein stummes, zustimmendes Nicken oder, wenn Ihnen das nicht so recht gelingen will, ein schlichtes »Ja!« Und dann schlucken Sie noch einmal.

Nur um zu sehen, ob Sie mich richtig verstanden haben: Sind Sie mit einem kleinen Test einverstanden?

1. Sie haben angeboten, Ihre Enkelin an der Bushaltestelle abzuholen, weil Ihre Tochter unvorhergesehen länger arbeiten muss. Der Wetterbericht am Morgen hat Regen und Temperaturen von weniger als fünfzehn Grad angekündigt. Als die kleine Peggy in einem kurzärmligen Hemdchen, einer kurzen Hose und offenen Sandalen vor Kälte zitternd aus dem Bus steigt, tun Sie Folgendes:

a) Sie machen Ihrer Tochter schwerste Vorwürfe, weil sie Ihre Enkelin in einer Bekleidung zur Schule schickt, die gleichbedeutend mit Kindes-misshandlung ist.

b) Sie erwähnen ganz beiläufig die Auswirkungen von Kälte auf ein ungewöhnlich dünnes Kind, das immer viel zu wenig isst.

c) Sie beißen sich auf die Zunge und verkneifen sich die Bemerkung, wie angemessen *Sie* Ihre Tochter gekleidet haben, als sie selbst in Peggys Alter war.

2. Sie haben das Abendessen für sechs Uhr zube-reitet, um sich dem Rhythmus Ihrer Enkel-kinder anzupassen. Um fünf Uhr verkündet ihr Enkel lauthals, dass er Hunger habe und ein paar Kekse möchte. Ihre Tochter sagt, das sei schon in Ordnung, aber nur zwei. Was tun Sie also:

a) Sie schlagen vor, er solle stattdessen eine Karotte

oder etwas Sellerie essen, damit er später
wenigstens noch ein wenig Appetit hat.

b) Sie bieten Ihrer Tochter und Ihrem Schwieger-
sohn an, ihnen einen Kurs in Kindererziehung
zu finanzieren.

c) Sie beißen sich auf die Zunge und versuchen zu
übersehen, dass Ihr Enkel wenig später das
Essen, das aus »all seinen Lieblingssachen«
besteht, unberührt auf dem Teller liegen lässt.

Falls Sie in beiden Fällen mit »c« geantwortet haben,
dann haben Sie schon Erfahrung. Falls Sie jedoch mit
»a« oder »b« geantwortet haben sollten, nun, dann
haben Sie noch einen langen Weg vor sich. Bedenken
Sie immer: Das, was Ihrer Seele guttut, muss nicht
zwangsläufig auch Ihrer Rolle als Großmutter gut
bekommen.

Wenn Ihnen all die Ratschläge, die Sie sich verkneifen mussten, schwer im Magen liegen sollten,
dann unterhalten Sie sich doch einfach mit anderen
Großmüttern. In dieser Runde können Sie sagen, was
auch immer Sie sagen wollen. Hier ein Beispiel: Wenn
Ihre Kinder dafür Sorge getragen hätten, dass Ihre
Enkel die Hausschuhe, die Sie ihnen letztes Jahr zu
Weihnachten geschenkt haben, auch anziehen – vor
allem dann, wenn sie ständig auf den kalten Fliesen-
böden herumlaufen –, dann hätten sie vielleicht nicht
den ganzen Winter lang so grässlich gehustet. Oder:
Wenn Ihre Enkel nicht Fußball, Basketball, Hockey,

Football und auch noch Baseball spielen würden, bliebe ihnen vielleicht ein wenig mehr Zeit für Hausaufgaben. Oder: Können Sie sich vorstellen, was diese spitzen Schuhe bei den Füßen einer Zwölfjährigen anrichten? Mmm. Ich versichere Ihnen, das tut richtig gut.

Eines dürfen Sie trotz alledem nicht vergessen. Im Grunde geht es doch darum, mit Ihren Kindern eine Beziehung aufrechtzuerhalten, die auf Geben und Nehmen beruht. Sie können Ihren Kindern nur das geben, was diese auch zu nehmen bereit sind. Junge Eltern mögen anfangs zwar zögern, wenn Sie ihnen anbieten, dass Sie auf Ihren eigenen Urlaub verzichten und bei Ihren Enkeln bleiben würden, damit sie, Ihre Kinder, eine Woche in die Karibik fliegen können. Mit der Zeit aber werden sie sich immer leichter dazu überreden lassen.

Also noch einmal. Sagen Sie nicht alles, was Ihnen in den Sinn kommt! Vielleicht haben Sie ja auch Glück. Sehen Sie nur, was in meinem Fall passiert ist: Trotz all der unkonventionellen und potentiell schädlichen Erziehungsmethoden, die meine Töchter meinen Enkelkindern angedeihen ließen und noch immer angedeihen lassen, haben sie sich zu phantastischen Kindern entwickelt. Es scheint also doch zu funktionieren.

FANGEMEINDE

Welche Großmutter ist nicht begeistert, wenn ihr Enkelkind einen Home-Run schafft, ein Tor schießt oder bei den Playoffs in der fünften Klasse einen Slam Dunk versenkt?

Viele der Großeltern, die ich kenne, würden quer durch den ganzen Bundesstaat fahren, nur um diesen magischen Augenblick miterleben zu dürfen. Und genau das tun auch wir. Immer wieder rennen wir los, okay, wir fahren los, um unsere Enkel auf dem Court, auf dem Parkett oder auf dem Spielfeld zu sehen. Tun wir das etwa, weil wir es gar nicht erwarten können, unsere geliebten Kleinen in Aktion zu sehen? Oder tun wir es nicht vielmehr, weil wir wissen, dass dies die einzige Möglichkeit ist, um sie überhaupt einmal zu Gesicht zu bekommen?

Heutzutage gehen nicht mehr allzu viele Kinder durch Wald und Flur zum Hause ihrer Großmutter. Zumindest nicht während der Baseball-, Hockey-, Basketball-, Football- oder Fußballsaison, also eigentlich fast nie. Spiele können und werden gewöhnlich an Samstagen, an Sonntagen und auch am Muttertag und am Vatertag angesetzt. Es gibt zudem nur sehr wenige Feiertage, die unantastbar sind. Falls Sie eine Familienzusammenführung planen, dann bleiben Ihnen im Grunde nur der erste Weihnachtsfeiertag und der Neujahrstag. Ansonsten wird von jedem Kind, das einen Mannschaftssport betreibt, erwartet, dass es zu jedem Training und jedem Spiel erscheint. Das gleiche gilt im Übrigen auch für seine Eltern. Nicht im Lande zu sein ist keine Entschuldigung. Das mag für Spiele der unteren Spielklasse noch nicht gelten, wir reden hier jedoch von der Top-Liga.

Und was das Essen angeht – wie viele Hotdogs sind nötig, um einen Torwart unüberwindbar zu machen? Würde Norman Rockwell heute noch leben, dann müsste er wohl das Malen aufgeben, denn wo fände er jetzt noch eine Familie, die sich vollständig zum Sonntagsessen um den Tisch versammelt hat, während der Vater oder der Großvater den Braten schneidet?

Es sind jedoch nicht nur die Spieler, die ihre Zeit opfern. Welche Familie, die etwas auf sich hält, würde es versäumen, zum Spiel von einem ihrer Kinder zu erscheinen? »Gut gemacht!«, schallen laute Rufe über das große Spielfeld, wenn ein Spieler der blauen Mannschaft (gesponsert von Sunshine Plumbing) einem Mitglied der roten Mannschaft (gesponsert von H&H Bagels) den Ball abnimmt. Die Begeisterungsstürme, die die Stahlrohrtribüne erbeben lassen, sind dabei so heftig, dass einer der älteren Herren von der Bank fällt, wo man ihn nebst seinem Gehwagen geparkt hatte.

Es sind die Großeltern, die den weiten Weg auf sich nehmen, da ihr Terminplan nicht annähernd so voll wie der ihrer Enkel ist. Wenn diese Sie also nicht besuchen, dann fahren Sie eben zu ihnen. Und wenn Sie eine Sportlerfamilie sind, dann müssen Sie eben dorthin, wo Ihr Enkelkind gerade spielt, wo immer das auch sein mag. Der Preis dafür, an all diesen Spielen teilzunehmen, ist hoch, doch dafür sparen Sie sich ja das Geld für den Sonntagsbraten. Und weil die Kinder fast die ganze Zeit im Sportdress stecken, benötigen sie kaum noch andere Kleidung.

Auch wenn es mir schwerfällt, es zuzugeben, aber ich sehe nicht mehr so gut wie früher. Wenn ich also auf das Spielfeld hinunterblicke, dann laufen dort zwar neun Jungen in blauen Trikots von Sunshine Plumbing herum, allerdings bin ich einfach nicht mehr in der Lage, das Gesicht meines Enkels zu erkennen. Und dennoch: Ich kann voller Stolz zu der grauhaarigen Dame, die neben mir sitzt, sagen: »Dort drüben, die Nummer drei, das ist mein Enkel.«

UND WIE VIELE PIXEL
HAST *DU*?

Letztes Jahr verstand ich noch die Ferien-Wunschliste meiner Enkel. Nun gut, ich verstand sie mehr oder weniger. Selbst wenn ich mir nicht ganz sicher war, was sie mit einer Playstation 1 oder 2 anstellen wollten, fand ich das Gewünschte im Laden, ohne dass ich dabei Hilfe in Anspruch hätte nehmen müssen.

Und dieses Jahr? Vergessen Sie's. Selbst der jüngste meiner Enkel hat jetzt ein höheres Level der elektronischen Sphäre erreicht und mich im Staub zurückgelassen. Reichte es denn nicht, endlich begriffen zu haben, dass nicht jeder, der eine große Scheibe im Ohr trug, schwerhörig war, sondern dass er einen iPod eingestöpselt hatte? Nun, offensichtlich reichte es nicht. Jetzt nämlich verlangt man von mir auch noch, dass ich zwischen diesem »einfachen« Abspielgerät (dem »klassischen« iPod) und einem 8- oder 16-Gigabyte-iPod-nano, den man entweder mit einer HomeDock Deluxe oder einem SoundDock Digital

Music System kaufen kann, unterscheide. Daneben könnte ich mich allerdings ebenso zum Kauf eines SanDisk Sansa e260 4GB MP3-Player mit Micro Sd Expansion Slot entschließen.

Vielleicht ist es aber auch ein Handy, das ganz oben auf der Wunschliste steht. *Ein Handy*, das mit dem Handy, das ich in meiner Handtasche mit mir herumtrage, um notfalls die Polizei rufen zu können, so gut wie nichts mehr zu tun hat. *Ein Handy*, wenn es als Geschenk überhaupt in Frage kommen soll, muss selbstredend über einen MP3-Player (was auch immer das ist), einen FM-Empfänger, Bluetooth (ich habe das Gefühl, dass das rein gar nichts mit Zähnen zu tun hat), eine Digitalkamera und einen Videorecorder verfügen. Und man sollte damit wohl auch telefonieren können.

Als meine Kinder, die Eltern meiner Enkelkinder, heranwuchsen, versuchten sie und ihre Freunde noch, sich mit ihrer Sammlung von Puppen oder Actionfiguren, mit ihren elektrischen Eisenbahnen oder Baseballkarten gegenseitig zu übertrumpfen. Jetzt sind es die Megapixel, die zählen. Zeig mir deine Kamera, dann zeig ich dir meine. Die Kodak Brownie, die man Kindern früher schenkte, wenn sie zehn oder elf Jahre alt waren, kann man jetzt allenfalls noch im Heritage Museum bewundern. Für mich wäre das vollkommen in Ordnung, wenn ich wenigstens noch verstehen würde, wie ihre Nachfolger ticken, oder besser gesagt, klicken. Ich gehe davon aus, dass die Zahl der Megapixel etwas mit der Bildauflösung und etwas mit der Schärfe des Fotos zu tun hat. Warum aber braucht man, wenn man einfach nur ein Foto von seiner Eis essenden Freundin schießen will, so viele davon? Und was hat es mit einem siebenfachen optischen Zoom im Gegensatz zu einem fünffachen optischen Zoom auf sich? Soll ich dem Verkäufer glauben, wenn er mir versichert, dass, je größer die Kamera ist, sie desto besser für meine neunjährige Enkeltochter geeignet ist?

Was mich am meisten ärgert, ist die Tatsache, nicht einmal annähernd zu wissen, was ich da eigentlich kaufe. Und sosehr ich meinen Ruf als absolut coole Oma auch behalten möchte, wenn ich heutzutage eines dieser Geschäfte betrete, dann muss ich gestehen, dass ich mich dort vollkommen fehl am Platze fühle.

DAS RECHT
ZU PRAHLEN

Zu prahlen, das ist das unveränderliche Recht von Großeltern. Wir erzählen ständig all unseren Freunden, wie entzückend, begabt und brillant der Nachwuchs unseres Nachwuchses ist. Und warum tun wir das? Weil wir es verdient haben. Wie dereinst schon unsere Eltern haben wir jetzt nichts mehr mit der eigentlichen Erziehung der Kinder zu tun und sind deshalb frei, unsere Enkel jedem gegenüber, zumindest jedem gegenüber, der sein Hörgerät eingeschaltet hat, in den höchsten Tönen zu loben.

Aber leider bedeutet das nicht automatisch, dass uns auch jeder zuhören muss. Wollen Sie einen Raum räumen? Dann sagen Sie einfach laut: »Habe ich Ihnen eigentlich schon von meinem Enkel Jimmy (Peter, Paul, Prescott) erzählt?« Regel Nummer eins lautet also: Fallen Sie niemals mit der Tür ins Haus, indem Sie sagen: »Mein Enkel Jimmy ist ein Genie.« Sie würden nur auf taube Ohren treffen. Wenn Sie wollen, dass eine Freundin, eine Nachbarin oder eine Verwandte erfährt, was für ein unglaublich begabtes, großartiges und genetisch bevorzugtes Enkelkind Sie doch haben, dann müssen Sie dieses Thema auf eine sorgfältig geplante, aber völlig spontan wirkende Art und Weise ansprechen. Ich für meinen Teil war dabei sehr erfolgreich mit der Fotostrategie. Dabei ziehen Sie – völlig unverfänglich – ein Foto von Jimmy (Alex, Casey oder Roger) aus der Tasche, vorgeblich, um zu zeigen, wie sehr er gewachsen ist, seit Ihre Freundin ihn das letzte Mal gesehen hat. Und da steht er dann mit seinen vollen ein Meter zwanzig. Und ganz zufällig prangt hinter ihm ein Spruchband an der Wand, auf dem in riesigen Lettern zu lesen ist:

Der beste Schüler der Fairbrooks Middle School: James Ward

Wenn Sie wollen, können Sie mit den Worten: »Ist er nicht wirklich groß geworden?« Ihrer Freundin noch eine große Lupe in die Hand drücken.

Auch falls Sie zufällig kein passendes Foto zur Hand haben, sollte es Ihnen gelingen, fast jede Unterhaltung zu einem bestimmten Punkt zu führen, an dem Sie subtil auf Ihr Enkelkind hinweisen können. Auf den ersten Blick bietet eine Diskussion über den Nahen Osten nicht allzu viele Möglichkeiten für einen solchen Wink. Aber was sagen Sie zum Beispiel hierzu:

Ich: Ich weiß nicht, was wir im Nahen Osten noch sollen. Das Ganze ist doch eine ziemlich verfahrene Situation.

Meine Cousine: Du sagst es. Ich bin übrigens der Meinung, dass wir in moslemischen Ländern vor allem deshalb so große Schwierigkeiten haben, weil wir einfach zu wenig Leute haben, die Arabisch sprechen.

[Das ist jetzt *die* Gelegenheit!]

Ich: Da hast du absolut recht. Erst gestern habe ich genau das unserer Suzy gesagt. Du weißt ja, dass sie fließend Französisch spricht. Sie ist ja so sprachbegabt. Ich habe ihr geraten, Arabisch als Wahlfach zu nehmen, falls es in der vierten Klasse angeboten wird. Aber du bist ja darüber im Bilde, wie dickköpfig die Kinder heutzutage sind; sie ist fest entschlossen, Chinesisch zu lernen.

Ein Foto und eine geschickt gelenkte Unterhaltung sind also eine gute Wahl, wenn es darum geht zu prahlen. Die beste Methode zu prahlen, ohne allzu plakativ zu wirken, ist jedoch noch immer die, Ihr Gegenüber selbst entdecken zu lassen, wie begabt Ihre Samantha (Jenny, Clyde oder Patsy) ist, wenn es darum geht, Mosaike anzufertigen (zu schnitzen, töpfern, malen oder Decoupagen herzustellen). Anstatt zu sagen: »Ich muss dir unbedingt die phantastische

Schale zeigen, die Samantha im Mosaikkurs gemacht hat«, platzieren Sie doch einfach die Schale zusammen mit den anderen Dingen, die sie gebastelt hat, also den Bilderrahmen, den Spiegel, die Bonbonniere und die Wandplakette an strategisch wichtigen Punkten im Wohnzimmer. Die Schale stellen Sie dabei auf den Bridgetisch – dort kommt das komplizierte Mosaik in all seiner Pracht besonders gut zur Geltung. Legen Sie so wenig Obst wie möglich in die Schale und verzichten Sie auf ein Zierdeckchen – und dann warten Sie einfach ab. Wenn die Spieler dann am Tisch Platz nehmen, wird mit großer Wahrscheinlichkeit jemand von ihnen sagen: »Was für eine schöne Schale. Wo hast du denn die gekauft?« Und dann können Sie erwidern: »Gekauft? Oh nein. Die hat meine Enkelin Samantha gemacht. Lasst mich mal sehen … vielleicht habe ich hier noch ein paar andere Dinge, die sie gebastelt hat. Oh ja, diese Vase hier, der Bilderrahmen, der Spiegel, die Bonbonniere, die Plakette dort an der Wand, gleich neben dem Foto von Jimmy.«

Sie werden sich jetzt vielleicht fragen, warum ich Ihnen all diese sorgfältig entwickelten Strategien verrate, schließlich laufe ich ja Gefahr, dass diese eines Tages gegen mich selbst angewandt werden. Nun, sagen wir es einfach so: Ich habe in den fünfundzwanzig Jahren, in denen ich jetzt Großmutter bin, jede Menge Erfahrungen gemacht und möchte diese nun an frischgebackene Großeltern weitergeben. *Und*, wie mein Enkel Jeff, der Menschenfreund, vor kurzem sagte, als er aus Nigeria anrief, wo er im Kampf gegen die Unfruchtbarkeit Tag und Nacht bei brütender Hitze schuftet, ohne einen einzigen Cent dafür zu bekommen: »Oma, ich glaube, ich bin genau wie du. Ich will immer anderen Menschen helfen.«

EINE ARBEITSBEZIEHUNG

Ich mache mir große Sorgen, dass meine Enkel keinen Job finden werden. Schon bevor all diese Kreditinstitute in Konkurs gingen, gab es Anzeichen dafür, dass es der Wirtschaft schlecht ging: Die Leute tranken jetzt Wein aus Dingsda anstatt aus Montepulciano, und sie kauften wieder Levi's anstatt Jeans von Calvin Klein. Da alle anderen Mitglieder meiner Familie hart arbeiten (schließlich sollte in jeder Garage auch ein Auto stehen), fiel mir, der Großmutter, die ich bekanntlich viel Zeit habe, die Aufgabe zu zu überlegen, wie meine Enkel ihre jeweils 200 000 Dollar teure Collegeausbildung gewinnbringend einsetzen könnten. Liebe Kinder, hört gut zu, eure Oma weiß jetzt ganz genau, was *die* Jobs des Jahres sind. Meine Wahl fällt auf: Politstratege, Experte und Sprecher.

Da ich geradezu süchtig nach den neuesten Meldungen bin, sehe ich täglich mehrere Stunden vor allem Nachrichtensendungen. Dabei ist mir aufgefallen, dass die reinen Nachrichtenkanäle (CNN, MSNBC, FNC) ihre Experten und Politstrategen inzwischen schneller verschleißen, als diese nachkommen. Einige von ihnen werden deshalb sogar schon vier- oder fünfmal am Tag eingesetzt. Aber selbst Pat Buchanan oder Donna Brazile müssen mal für kleine Jungs oder Mädchen, und das ist dann genau der Moment, an dem die Experten in spe, deren Großmütter aufmerksam genug waren, sie auf diese Chance hinzuweisen, in die Bresche springen können. »Hier bin ich, Mr Nachrichtenproduzent. Lassen Sie sich von meinem Abschluss in Nuklearphysik nicht täuschen. Ich bin schon verkabelt und kann sofort loslegen.«

Das Tolle an den Jobs des einundzwanzigsten Jahrhunderts ist, dass der Zuschauer im Grunde nichts über die Qualifikation und den Werdegang dieser sogenannten Experten wissen muss. Wenn meine Enkelin, um willkürlich ein Beispiel zu nennen, Reporterin ihrer Schulzeitung wäre, dann würde sie im Fernsehen einfach nur als »South-Bend-Journalistin« vorgestellt werden. Verdienste oder bisher Geleistetes sind dabei ohne jede Bedeutung. Entscheidend sind vielmehr Meinungen. Nehmen wir das Thema Wirtschaft. Obwohl ebendiese Enkeltochter, deren Erfahrung auf dem Arbeitsmarkt höchst begrenzt ist, mit der Funktionsweise des internationalen Bankensystems nicht vollkommen vertraut sein dürfte, so weiß sie doch sehr wohl, wie es ist, wenn der Finanzstrom zu Hause versiegt und welche Auswirkungen die Bankenkrise auf das Kleidungsbudget einer typischen Familie aus der Mittelschicht hat. Wenn also kein Fachwissen mehr gefordert ist, sondern nur noch jemand, der nicht gerade auf den Mund gefallen ist, dann trifft das durchaus auf sie zu, und nebenbei bemerkt: Sie gibt dabei auch noch optisch ein wirklich gutes Bild ab.

Ich räume ein, dass die Nachfrage nach Politstrategen seit der letzten Wahl ein wenig gesunken ist. Viele der demokratischen und republikanischen Auguren haben ihren Job verloren. Da jedoch der Job eines Politstrategen mit dem eines Experten durchaus verwandt ist, haben sich folglich viele von ihnen dieser weniger saisonalen Schwankungen unterworfenen Beschäftigung zugewandt. Nur eine Rumpfmannschaft ist geblieben, um für die Kongressabgeordneten, die 2008 gewählt wurden, mit der Planung der Kampagne für ihre Wiederwahl 2010 zu beginnen. Aber wie ich erst gestern meiner Familie sagte: Selbst wenn ihr als Assistenten von David Gergen oder Gloria Borger anfangen müsst, an dem Tag, an dem einer von ihnen mit Kehlkopfentzündung oder Nesselsucht darniederliegt, müsst ihr zur Verfügung stehen und bereit sein, aus dem Stand loszulegen.

Trotz alledem ist das Fernsehen nicht für jeden das Richtige. Die Enkelin einer meiner Freundinnen, die ebenfalls einen Job sucht (die jedoch bei weitem nicht so gut aussieht wie meine Scarlett), täte gut daran zu überlegen, ob sie nicht vielleicht Sprecherin werden will. Auch das ist ein stetig wachsender Markt. Schließlich vergeht kaum ein Tag, an dem nicht irgendjemandem oder irgendeiner Firma irgendetwas vorgeworfen wird. Und das Schöne daran ist: Je mehr Anschuldigungen, desto mehr Gelegenheiten für einen Job. Die Banken und die Kreditmärkte versagen. Ihre Aktionäre haben schon die Schere in der Hand und drohen damit, die Schnüre an den goldenen Fallschirmen der Führungskräfte durchzuschneiden. Die Regierung sieht sich einer gigantischen Finanzkrise gegenüber. Das ist nicht der glücklichste Zeitpunkt, zu dem ein CEO oder CFO eines schwer angeschlagenen Unternehmens der Presse gegenübertreten will, um zu erklären, warum er gerade 440 000 Dollar und dazu noch ein paar Spesen für eine angebliche Dienstreise ausgegeben hat, nachdem seine Firma erst kurz zuvor von der Bundesregierung mit Hilfe von Steuergeldern gerettet worden war. Da ist es doch von unschätzbarem Vorteil, einen Sprecher oder eine Sprecherin vorzuschicken, anonym und gesichtslos (wer verschwendet sein teures Blitzlicht schon für einen Niemand?), der eine vorbereitete Stellungnahme verliest und von dem man nicht erwartet, dass er irgendwelche Fragen beantwortet.

Der Sprecher kann mit klarer und deutlicher Aussprache (neben der Fähigkeit zu lesen ist dies eine der wenigen anderen Voraussetzungen für diesen Job) den Reportern, die sich in einem kleinen Vorraum neben dem Gesundheits- und Fitnessclub der Geschäftsleitung drängen, versichern, dass die Firma diesen kleinen Ausflug nur deshalb finanziert hatte, um die Geschäftsleitung zu motivieren, die bestmöglichen Bedingungen für den Konkurs auszuhandeln. Und was die Kosten angeht: Die sind durchaus angemessen. Man kann doch beim besten Willen nicht jemandem, der sein gesamtes Berufsleben auf Kosten der Firma Champagner getrunken hat, jetzt billigen Wein servieren und gleichzeitig von ihm erwarten, dass er weiterhin loyal zur Firma steht. Selbst wenn jetzt die Aufmerksamkeit der Öffentlichkeit auf die Investoren gerichtet ist, deren gesamte Ersparnisse sich in Luft aufgelöst haben, sollte man doch bitte nicht vergessen, dass sie nicht die Einzigen sind, die leiden. Auch die Geschäftsführer der Firma werde es treffen. Ihre Boni am Jahresende werden um einige Millionen reduziert werden.

Sehen wir doch einfach den Tatsachen ins Auge: Die fetten Jahre der Vollbeschäftigung sind vorbei. Jetzt ist für junge Jobsuchende (und natürlich für deren Großmütter) der Moment gekommen, das Unmögliche möglich zu machen. Falls Sie jedoch aus irgendeinem Grund weder Politstratege noch Experte und auch nicht Sprecher werden können, so bieten sich in diesem beruflichen Umfeld noch viele andere Möglichkeiten an. Hunderte, wenn nicht sogar Tausende von Bankern benötigen zurzeit Hilfe beim Schreiben ihrer Lebensläufe. Immer mehr Auktionatoren werden gebraucht, um das Inventar der Anwesen von Hedgefonds-Managern unter die Leute zu bringen. Und, nebenbei bemerkt, wie viele Verkäufer für gebrauchte Ferraris gibt es eigentlich in diesem Land?

Ich gebe zu, das Ganze hat auch eine Kehrseite. Die Vergünstigungen bei diesen Jobs sind sehr beschränkt. Es ist höchst unwahrscheinlich, dass Sie jemals eine Krankenversicherung oder bezahlten Urlaub bekommen werden. Aber sehen Sie die Sache doch einmal von der positiven Seite. Ihre Abzüge vom Lohn werden minimal sein, und wenn Sie Glück haben, wird auch niemand auf die Idee kommen, Ihnen einen steuerfreien Altersvorsorgeplan aufschwatzen zu wollen.

Also, bitte sehr.

ÜBER

D I E

TECHNIK

Ich liebe Computer, ich finde sie toll.
Doch von den Dämonen, die in ihnen wohnen,
habe ich gründlich
die Nase voll.

COMPUTERSPRECH

Wissen Sie, wie es sich anfühlt, wenn Ihr Computer Ihnen freiheraus erklärt, Ihre Cookies seien gerade gelöscht worden? Ich kann Ihnen versichern, dass ich ziemlich erschrocken bin, als ich darüber informiert wurde, meine Cookies (was auch immer das sein mag) wären plötzlich nicht mehr da. Darüber hinaus irritierte es mich sehr, dass offensichtlich irgendjemand da draußen mehr über meine Cookies weiß als ich.

Ich behaupte nicht zu wissen, wie mein Computer funktioniert, aber ich bin mir ganz sicher, es muss irgendetwas Unheimliches vor sich gehen, wenn ich ihn abends ausschalte. Ich habe einmal gelernt, dass er dann keinen Strom mehr hat. Warum finde ich dann am nächsten Morgen ein Icon für Nero Express auf dem Bildschirm? Ich habe nicht nach Nero Express gefragt, ich weiß nicht einmal, wer oder was Nero Express ist. Wie zum Teufel ist es also auf meinen Bildschirm gekommen? *Wer* hat an *meinen* Symbolen herumgespielt?

Wie die meisten Menschen sperre ich, wenn ich abends zu Bett gehe, die Haustür ab und schließe auch alle Fenster. Das hat bislang ziemlich gut funktioniert. Meine Familie und ich waren vor menschlichen Eindringlingen geschützt. Aber was nützt mir das Ganze, wenn ein Nichtidentifiziertes Computer-Objekt (NCO) sich mitten in der Nacht unbemerkt in mein Haus schleichen und irgendwelche beunruhigende Nachrichten auf meinem PC hinterlassen kann: »Heute um 3.40 Uhr ist ein Fehler aufgetreten«; gefolgt von ».↔) ∂ ☒ ! ! + = V Ω €.« Heute 3.40 Uhr? Um 3.40 Uhr lag ich im Bett und habe tief und fest geschlafen. Falls jemand zu dieser unchristlichen Zeit einen Fehler gemacht hat, dann war das ganz sicher nicht ich. Es ist, als würde man auf seiner Telefonrechnung einen Anruf nach Nigeria finden, dabei kann man sich gerade einmal die Vorwahl von Ohio merken!

Wer also war das? Und was bedeutet dieses ».↔) ∂ ☒ ! ! + = V Ω €?« Erwartet man wirklich von mir, deren einzige Erfahrung mit dem FBI aus etlichen Folgen *Without a Trace* stammt, dass ich diesen Code knacke? Meine alte Selectrix anno 1965 (sie möge in Frieden ruhen) schrieb immer nur das, was ich tippte. Sie hatte keinen eigenen Willen. Sie hatte ein Typenrad, so dass man die Schriftart nach Belieben wählen konnte, aber sie veränderte nicht plötzlich und völlig unerklärlicherweise die Schriftgröße oder schrieb **fett**, weil sie beschlossen hatte, dass es Zeit für eine Veränderung wäre. Wenn ich sie abends ausschaltete, war die Schreibmaschine, so wie jedes andere normale Gerät, außer Betrieb. Ich musste mir niemals Gedanken darum machen, dass unter ihrem Deckel etwas vor sich gehen könnte.

Die wohl gespenstischste aller Botschaften erschien jedoch immer am ersten Sonntag im April. Wenn ich den Computer hochfuhr, las ich zu meiner völligen Verblüffung auf dem Bildschirm: »Ihre Uhr wurde auf Sommerzeit umgestellt.« Mein PC hatte also völlig eigenständig seine Uhr umgestellt, noch bevor ich überhaupt auch nur die Chance hatte, mir darüber klar zu werden, ob man die Uhr nun eine Stunde vor oder zurück stellen musste. Als man vor ein paar Jahren die Zeitumstellung auf den zweiten Sonntag im März verlegte, lief ich morgens sofort zu meinem Computer, um zu sehen, ob man ihm einen Tipp gegeben hatte, und da war sie also: die Nachricht aus dem Nichts. Man denke nur, während ich vier Zimmer weiter selig schlummerte, war auf meinem Bildschirm bereits eine neue Zeit angebrochen. Wahnsinn! Aber wer sagt einem Computer in einem Bundesstaat wie Arizona oder Hawaii, in dem es keine Zeitumstellung gibt, wo er steht? Und letztes Jahr, als nur bestimmte Countys in Indiana die Umstellung mitmachten, wussten die Computer dort Bescheid oder kamen am Montag ein paar Leute zu spät zur Arbeit?

Was mir allerdings wirklich Sorgen macht, ist, wie emotional ich darauf reagiere, wenn mein Computer mich tadelt. Es ist eine Sache, gewarnt zu werden, dass irgendein Fehler passiert ist oder dass ich eine unzulässige Aktion ausgeführt habe und meine Anwendung deshalb geschlossen wird. Was aber ist, wenn mein Computer beschließt, mich zu bestrafen, nur weil ich mich weigere, einen seiner Wizards zu verwenden (tatsächlich habe ich die übereifrige Büroklammer gebeten, mit dem Tanzen aufzuhören), oder weil ich seine Ratschläge zur Zeichensetzung oder Rechtschreibung ignoriert habe?

Es mag an der Zeit sein, die Zeche zu bezahlen. Mein schlimmster Alptraum sieht folgendermaßen aus: Eines Tages werde ich meinen Computer einschalten, und eine ultimative Nachricht wird auf dem Bildschirm erscheinen: »Sie haben einen schwerwiegenden Persönlichkeitsfehler. Wir können Sie nicht leiden. Sie brauchen gar nicht mehr zu versuchen, irgendwelche Tasten zu drücken. Ihr Computer wird niemals wieder hochfahren. ↔) ∂ ☒ ! ! + = V Ω € « So läuft es nun mal im Leben.

DOT ZIEMLICH SAUER

Falls die Online-Shopping-Industrie weiter wachsen will, dann wird sie das jedenfalls ohne mich tun müssen. Ich habe aufgegeben. Es ist nicht so, dass ich nicht im Netz einkaufen will (ich habe schon so viele Dotcoms besucht, dass die entsprechenden Tasten auf meiner Tastatur ganz abgenutzt sind). Selbst wenn ich im wirklichen Leben noch nie einen Laden betreten habe, bei dem man sich zuerst anmelden muss, bevor man überhaupt einen Blick auf die Waren werfen darf, tue ich im Netz einfach das, was man mir sagt. Wenn man mich bittet, mich registrieren zu lassen, nun, dann mache ich das eben. Ich klicke also auf »registrieren«.

Gehorsam fülle ich jedes Feld aus. Ich akzeptiere die Datenschutzvereinbarungen. Ich gebe meinen Nutzernamen an. Ich tippe mein Passwort ein. Ich klicke »senden« an. Das kleine Browser-Icon auf meinem Bildschirm dreht und dreht sich, während es sich über mich informiert. Offensichtlich missfällt ihm jedoch, was es über mich in Erfahrung bringt.

Man bittet mich, es noch einmal zu versuchen. Man teilt mir mit, ein Teil meiner Anmeldung sei entweder ungenau oder unvollständig. Welcher Teil das sein soll, bleibt meiner Phantasie überlassen. Da ich mir ziemlich sicher bin, wie ich heiße, wo ich wohne und wie meine Telefonnummer lautet, bleibt nur noch mein Nutzername und/oder mein Passwort. Ich versuche es noch ein paarmal. Ich weiß genau, dass ich hier irgendwo eine Liste mit Passwörtern herumliegen habe, aber dieser Onlineshop will keine meiner Antworten akzeptieren. Diese Website ist für mich gestorben.

Neuer Versuch. Toll! Hier brauche ich mich nicht anzumelden. Das heißt, ich kann mich einfach so auf der Website umsehen. Ein angenehm warmes, flauschiges Gefühl hüllt mich ein, während ich mich ein paar Minuten lang umsehe. Es sind nur sehr wenige Minuten. Ich habe mich gerade entschlossen, etwas zu bestellen, als plötzlich eine Nachricht auf dem Bildschirm erscheint. Man teilt mir mit, dass ich zu lange gebraucht hätte. Es würden noch andere Kunden warten. Ich könne es ja später noch einmal versuchen. Man hat mich also einfach rausgeworfen. Schon ein wenig entmutigt, aber noch immer nicht zur Aufgabe bereit, gehe ich auf eine Website, die mit kostenfreiem Versand lockt ... allerdings nur, wenn ich bis spätestens Mitternacht bestelle. Prima. Viele bunte Kästen mit den verschiedenen Kategorien und Produkten, die angeboten werden, erscheinen auf meinem Bildschirm. Ich klicke eine Kategorie an. Ich warte. Und warte und warte. Meine Maus reagiert nicht mehr. Ich drücke jede einzelne Taste auf der Tastatur. Nichts, aber auch gar nichts tut sich. Meine Bestellung wird weder angenommen noch kann ich die Website verlassen.

Schließlich erscheint die Nachricht »HTTP Fehler 403.403.0 Zugang verweigert. Zu viele Nutzer sind verbunden.«

Also noch ein Versuch. Ich würde dieses Easy Shopping Tool wirklich gerne nutzen. Auf die nächste Website zu kommen ist nicht schwer. Sie ist wirklich benutzerfreundlich. Sie mag mich. Diesmal gibt es keine Probleme. Ich finde den Artikel, den ich haben will, in der Farbe, die ich mir vorgestellt habe, und der Größe, die ich brauche. Ich hätte ihn auch bestellt, wenn nicht in ebendiesem Moment eine Nachricht in fetten schwarzen Buchstaben mit einem *Verboten*-Symbol auf meinem Bildschirm erschienen wäre.

»Dieses Programm hat eine unzulässige Aktion ausgeführt und muss beendet werden.« Wie bitte? Hat es an der Tür geklopft? Wer ist für diese »unzulässige Aktion« verantwortlich? Mein Computer oder ich? Werde ich jetzt verhaftet?

Am nächsten Tag melde ich mich wie üblich an, da ich noch immer wild entschlossen bin, meine Zeit nicht in einer Warteschlange in einem Geschäft zu verschwenden. Dann sitze ich entspannt und in guter Hoffnung vor dem Bildschirm, während meine Verbindung aufgebaut wird. Die Leitung ist frei. Gutes Zeichen.

Alles läuft gut. Bis zu Schritt sechs. Verbinden mit AOL. Der Bildschirm verfällt plötzlich in Starre. Nichts rührt sich mehr. Ich warte und warte. Schließlich erscheint die Nachricht: »Das Modem hat die Verbindung zum Server verloren. Bitte versuchen Sie es zu einem späteren Zeitpunkt noch einmal.«

Das werde ich bestimmt nicht tun, mein Freund. Du hattest deine Chance. Ich werde jetzt die Druckausgabe der Gelben Seiten durchforsten. Mir reicht's jetzt nämlich. Und zwar endgültig.

HILFE NICHT ERWÜNSCHT

Microsoft Word kann offensichtlich nicht begreifen, dass es mich nicht die Bohne interessiert, was es mir zu sagen hat. Ich will keine Antworten auf Fragen, die ich gar nicht gestellt habe. Ich will meinem Computer auch nicht alles, was ich tue, erklären müssen. Ich brauche und will keinen aufsässigen Mitarbeiter.

Meine alte Schreibmaschine hat nie mit mir gesprochen. Ich habe getippt, sie hat geschrieben. Falls sie meine Partizipien mit falschem Bezug, meine Bandwurmsätze und die grammatikalischen Fehler missbilligte, so behielt sie das für sich. Als ich anfing, Word zu benutzen, und sah, dass manche Wörter rot und manche Sätze, ja sogar ganze Absätze grün unterringelt waren, wusste ich zuerst nicht, was das bedeuten sollte. Ich tippte »Newtown« (in Connecticut), und schon erschien eine rote Wellenlinie. Word schlug mir vor, dass ich das Ganze doch zu »Newton« abändern sollte. Isaac? Die Stadt in Ohio? Ich schrieb

»judgment« ohne »e« (so steht es nun einmal im Webster als bevorzugte Schreibweise); Word schlug vor, dass ich es in »judgement« mit einem »e« ändere. Freundliche, aber beharrliche Diskussionen über Rechtschreibung und Grammatik waren von nun an an der Tagesordnung. Ich konnte die Wellenlinien jedoch auch nicht einfach ignorieren, denn wenn ich tatsächlich einen Schreib- oder Grammatikfehler gemacht hatte, dann wollte ich das natürlich wissen. Auf diese ständigen besserwisserischen Ratschläge konnte ich jedoch gut und gerne verzichten.

Word mag keine Sätze, die nur aus einem oder zwei Wörtern bestehen, so wie ich sie – um ihrer Wirkung willen – häufiger benutze. Schön. (Und schon ist sie wieder zur Stelle, die Wellenlinie!) Ich wiederum mag es überhaupt nicht, wenn Word einfach meine Sätze beendet. Ich schreibe den Namen des Monats, und schon ergänzt Word den Tag und das Jahr. Vielleicht will ich ja herausfinden, ob *ich selbst* noch weiß, welches Datum wir heute haben. Gestern tippte ich »Liebe M«, und Word ergänzte »Mama und lieber Papa«. Ich bin Seniorin, um Himmels willen. Mama und Papa?

Briefe zu schreiben ist ohnehin das Schlimmste. Kaum habe ich das Datum getippt, mit oder ohne Hilfe von Word, schon erscheint dieser unglaublich lästige kleine Kasten auf der rechten Seite meines Bildschirms. Unten befindet sich ein noch lästigerer kleiner schwanzwedelnder Hund, der die Kommunikation übernimmt, obwohl ich mir ziemlich sicher bin, dass nichts von dem, was er sagt, auf seinem Mist gewachsen ist. Er sagt:

Anscheinend möchten Sie einen Brief schreiben. (Das geht dich doch überhaupt nichts an!) Brauchen Sie Hilfe? (Bestimmt nicht von dir, Fido!) [Dann kommen meine Optionen]
- Hilfe zur Erstellung des Briefes anfordern
- Brief erstellen ohne Hilfe
- abbrechen (mit dem größten Vergnügen)

Warum begreift dieser Pinscher nicht endlich, dass ich meine Briefe selbst schreiben will?

Zugegeben, Word besitzt einige durchaus nützliche Eigenschaften und es erspart den Nutzern jede Menge peinlicher Fehler. Aber James Joyce's Bewusstseinsstrom hätte Word sicher in den Wahnsinn getrieben, und man stelle sich nur vor, was Word Dr. Seuss vorgeschlagen hätte. Bei diesem Namen? Vergiss es. Wie wäre es mit Dr. Sues, Stuss, Zeus oder Süß. Und dann diese Bücher! Was für ein Unsinn zu schreiben: IN MEINER TASCHE IST EINE ZASCHE. Word ist der Ansicht, es sollte heißen: IN MEINER TASCHE IST EINE FLASCHE, oder eine MASCHE, LASCHE, GAMASCHE. WIE DER *GRINCH* WEIHNACHTEN GESTOHLEN HAT? Das wird niemals etwas. Word hat einen besseren Titel. WIE DER GRIND

WEIHNACHTEN GESTOHLEN HAT, oder DER GRANIT; GRIESS; GRIFF ODER GRINSER. Stellen Sie sich nur vor, welchen »Erfolg« Dr. Seuss gehabt hätte, wenn er nur mehr auf die Grammatik geachtet hätte.

Und was ist mit der Gettysburg-Ansprache? Sie gilt allgemein als eine der größten Reden der amerikanischen Geschichte. Was hätte Word Mr Lincoln vorgeschlagen? Um das herauszufinden, habe ich mir einmal die Mühe gemacht, den letzten Abschnitt der Ansprache abzutippen:

Es ist vielmehr an uns, dass wir uns der großen Aufgabe widmen, die noch vor uns liegt – dass wir jene Sache mit ebensolcher Hingabe verfolgen wie unsere geehrten Toten, die sogar ihr Leben dafür gegeben haben – dass wir geloben, dass diese Toten nicht umsonst gestorben sein dürfen – dass diese Nation mit Gottes Hilfe in Freiheit wiedergeboren werden soll – und dass die Form des Regierens, die durch das Volk und zum Wohle des Volkes geschieht, niemals mehr von dieser Erde verschwindet.

Es war alles unterringelt. Word hatte dazu nur zu sagen: »Langer Satz (kein Vorschlag).« Ich denke, die Beweisaufnahme kann an dieser Stelle geschlossen werden.

ICH UND MEIN NAVI

Seit ein paar Wochen bin ich stolze Besitzerin eines Navis. Zur Erklärung für diejenigen, die nicht ganz so cool und auf der Höhe der Zeit sind wie ich: Das ist die umgangssprachliche Kurzform für Navigationssystem, was bedeutet, dass Sie mich mit meinem Auto irgendwo absetzen können – in Biloxi in Massachusetts oder in Trenton in New Jersey –, mir irgendeine Straße nennen und schwupp, schon bin ich da. Zwischenstopps an der Tankstelle, der Reinigung oder Zoohandlung, um nach dem Weg zu fragen, das gehört der Vergangenheit an. Soll ich nach der dritten Kreuzung nach der vierten Ampel nach links oder nach rechts abbiegen? Kein Problem. Alles, was ich tun muss, ist, meinen Fuß auf dem Gaspedal zu lassen und der lieblichen Stimme der Dame in meinem Navigationssystem zu lauschen, die mir genau sagt, wo ich hinzufahren habe.

Weil ich dieses Gerät jedoch erst seit kurzer Zeit habe, lernen die Dame und ich uns gerade erst kennen. Aber schon jetzt besteht kein Zweifel mehr, sie ist sehr selbstbewusst. Wirklich erstaunlich. Alles, was ich tun muss, ist auf den kleinen Bildschirm zu sehen (der dem in meinem Blackberry, meinem Handy, iPod oder tragbaren Boggle recht ähnlich ist) und das Bild einer Karte berühren, unter welchem »Karte zeigen« steht. Wahlweise kann ich auch das Bild eines Hauses (»Adresse«) oder einer Karte, in der eine Stecknadel steckt (»Sehenswürdigkeiten«) antippen, und die Dame erledigt dann den Rest.

Für unseren ersten gemeinsamen Ausflug wählte ich »Adresse« und begann auf ihre Anweisung hin, die Buchstaben meines Zielortes einzugeben: East Haddam. Ich drückte »E«; sie sagte »E«. Ich drückte »A«; sie sagte »A«. Ich drückte »S«; sie sagte »S«. Ich drückte »T«; sie sagte »T«. Ich drückte »H«; sie sagte »H«. Ich drückte »A«; sie sagte nichts.

Ich versuchte es immer wieder, aber die Dame wollte mich meine Eingabe partout nicht beenden lassen. Sie weigerte sich einfach, mein »D« entgegenzunehmen. Ich bin mir nicht sicher, was sie gegen East Haddam hatte, doch sie gab mir zwei Alternativen: Eastham oder Easthampton. Beide Orte liegen in Massachusetts und keiner davon hat ein Regionaltheater, also können mein Mann und ich dort auch keine Karten reserviert haben. Durch Beharrlichkeit – und ohne Hilfe der Bedienungsanleitung, in der für mein Problem auch kein Präzedenzfall aufgeführt war – fand ich schließlich heraus, dass es das »East«

war, das der Dame nicht gefiel. Also tippte ich nur H-A-D-D-A-M ein, und wir waren schon auf dem Weg.

Nun, vielleicht nicht direkt auf dem Weg, den ich gewählt hätte. Sie konnte von den Bauarbeiten auf der Route 7 in der Nähe unseres Hauses schließlich nichts wissen, sonst hätte sie nicht so verzweifelt versucht, mich auf diese Straße zu lotsen.

Es blieb mir letztendlich nichts anderes übrig, als mich über ihre Anweisungen hinwegzusetzen, was sie wiederum völlig aus der Fassung brachte. Ihre Stimme wurde mindestens zwei Dezibel lauter. »Neu berechnen. Neu berechnen«, schrie sie geradezu hysterisch, so als wäre ich kurz davor, über eine Klippe zu fahren.

Jedes Mal, wenn ich unerlaubt abbog, versuchte sie, mich auf ihren Weg zurückzubringen. Obwohl sie wirklich alles tat, um mir ein schlechtes Gewissen einzureden (»Warum hat sie mich überhaupt gekauft, wenn sie mir nicht glaubt?«, hörte ich sie denken), durfte ich nicht nachgeben, denn schließlich war ich diejenige, die sich durch den Verkehr kämpfen musste, während sie gemütlich in ihrem kleinen Wunderkästchen saß.

Schließlich erreichte ich doch noch die Hauptstraße, und als ich, ihren Anweisungen folgend, nach links abbog, konnte ich förmlich ihr erleichtertes Seufzen hören. »Fahren Sie jetzt 30,8 Kilometer auf der I 952«, sagte sie mit unüberhörbarer Zufriedenheit in ihrer Stimme. Kurz bevor ich von der Interstate abfahren musste, verkündete sie fröhlich: »Noch achthundert Meter bis zur Abfahrt vierundsechzig«, dann: »Biegen Sie an der Abfahrt vierundsechzig nach rechts ab« und »Biegen Sie am Fuß der Rampe nach links ab.« Und so gingen die Anweisungen weiter, bis ich an meinem Ziel eintraf – mit nur zwei Minuten Abweichung von der vorhergesagten Zeit.

Seit dieser Fahrt haben die Dame und ich zusammen so manchen Ausflug unternommen. Ich hege nichts als Bewunderung für das System und seine Sprecherin, auch wenn sie mir manchmal ein wenig mehr Informationen liefert, als ich es für unbedingt nötig halte. Wussten Sie zum Beispiel, dass es nicht nur in Connecticut ein Westport gibt, sondern auch eines in Massachusetts, in Maine, in New York, in Missouri, in Kentucky, in Washington, in Kalifornien, in Indiana, in Pennsylvania, in South Dakota, in Oklahoma und auch in Tennessee?

Aber das ist ein geringer Preis dafür, dass ich niemals wieder nach einem roten Briefkasten neben einem zerbröckelnden steinernen Pfeiler an einer finsteren Landstraße Ausschau halten muss, wo man mich hingeschickt hat, um eine Mitspielerin für den Bridgeabend abzuholen. Und obwohl es auf dem Weg ein paar Beulen gegeben hat, sind mein Navi und ich noch immer ein Herz und eine Seele. Ja, ich schäme mich an diesem Punkt nicht, ganz offen zuzugeben, dass ich ohne diesen kleinen Kasten vollkommen aufgeschmissen wäre.

DIGITALE FINGERSPIELE

Als ich das erste Mal sah, wie jemand seine Daumen über die Tasten eines Blackberry tanzen ließ, traute ich kaum meinen Augen. Mein erster Gedanke war: Vielleicht hat der Ärmste nur noch zwei Daumen, aber nein, an jeder Hand befanden sich vier weitere Finger. Warum sollte folglich jemand, der über alle zehn Finger verfügte, ausgerechnet den Daumen zum Tippen benutzen? Die weitaus interessantere Frage, die sich mir sofort stellte, lautete: Wie war er überhaupt in der Lage, mit seinen dicken Daumen die winzigen Buchstaben und Zahlen auf der Tastatur zu treffen?

Seit damals habe ich Daumen nicht nur bei Blackberrys in Aktion gesehen, sondern auch bei Treos, bei iPhones und sogar bei winzigen Handys. Ich finde das erstaunlich, weil man doch, wie wir alle wissen, im Allgemeinen auf die Daumen herabsieht (das tun nicht nur die anderen Finger). Daumen haben von jeher ein Imageproblem. Die Gesellschaft hat Daumenlutscher noch nie in einem besonders positiven Licht gesehen, und »den Daumen raushalten«, um mitgenommen zu werden, ist nicht gerade die komfortabelste Art des Reisens.

Nennen Sie mich, was Finger angeht, snobistisch. Aber wenn ich gesehen hätte, dass jemand seine kleinen Finger zum Eintippen benutzt, ich hätte keinen einzigen weiteren Gedanken daran verschwendet. Kleine Finger sind entzückend. Sie sind die allgemeinen Lieblinge unserer Hände. Sie haben schon zu allen Zeiten kleine Kinder gekitzelt. Hinzu kommt, dass ein kleiner Finger, der abgespreizt wird, wenn man eine Tasse Tee in der Hand hält, ein allseits anerkanntes Zeichen guter Manieren ist.

Auch den Zeigefinger zum Tippen zu benutzen wäre ganz normal. Er ist ungemein praktisch und wird in aller Regel deshalb auch geschätzt. Diejenigen unter uns, die alt genug sind, um sich noch an Telefone mit Wählscheiben zu erinnern, sind im Umgang mit diesem Finger wohl vertraut. Er findet auch heute noch häufig Verwendung, um auf etwas zu zeigen oder eine Seite umzublättern. Im Gegensatz dazu tut sich der vierte Finger, der nur minimal länger ist als der Zeigefinger, heutzutage schwer. Es mag daher ein wenig fragwürdig erscheinen, ihn einzusetzen. Im Ansehen ist er gesunken, was wohl hauptsächlich daher rührt, dass er sein Exklusivrecht, sich »Ringfinger« nennen zu dürfen, eingebüßt hat. Während er zwar noch immer der offizielle Träger von Verlobungs- und

Eheringen ist, erlaubt es die Mode von heute, an *allen* Fingern Ringe zu tragen; an allen mit Ausnahme des Daumens, der wohl zu seinem größten Bedauern in den seltensten Fällen geschmückt wird.

Der Mittelfinger besitzt allein schon aufgrund seiner Größe das notwendige Format. Er wäre zweifellos eine gute Wahl, ist jedoch nicht dazu bestimmt, allein zu arbeiten. Gewöhnlich wird er nur in Verbindung mit den anderen Fingern benutzt, wenn man zum Beispiel eine Faust macht, wenn man winkt oder jemandem die Hand schüttelt. Wenn er allein gebraucht wird, entsteht daraus eine sehr unhöfliche Geste, die ihm wohl selbst überaus peinlich ist.

Wie also kam es, dass der Daumen und nicht der Zeigefinger zum Boss der Kleinelektronik wurde? Nun, man munkelt, dass ein kanadischer Technikfreak, der damit beauftragt worden war, das neu entwickelte Blackberry zu testen, sich den Zeigefinger gebrochen hätte, so dass er ihn nicht mehr bewegen konnte. Die kleinen Finger waren, wie wir bereits festgestellt haben, zugegebenermaßen nett, aber ziemlich nutzlos; Ring- und Mittelfinger waren zwar groß, allerdings auch nicht recht geeignet. Und so ging der Job ohne größere Widerstände an die Winzlinge unter den Fingern. Der Techniker setzte alle Hoffnungen auf seine Daumen – und sie ließen ihn nicht im Stich.

Diese Version der Geschichte wird jedoch von der überaus einflussreichen Jack Horner Foundation of the U.S. and Canada entschieden in Frage gestellt. Diese Organisation, die von sich selbst behauptet, sie hätte überall ihre Finger im Spiel, muss es ja schließlich wissen.

Aber eigentlich ist es ja auch völlig egal.

DAS PASSWORT LAUTET ...
VERGISS ES!

Von Passwörtern habe ich inzwischen die Nase gestrichen voll. Warum braucht meine Bank noch eine weitere Bestätigung, dass ich diejenige bin, die ich zu sein behaupte? Sie hat doch bereits meine »geheime« PIN-Nummer (wir wissen beide, wofür mein »xxxx« steht). Wenn es mir gelungen ist, mich per Internet mit ihr in Verbindung zu setzen, so kennt man doch dort meine E-Mail-Adresse. Warum also noch dieser ganze Mantel-und-Degen-Quatsch?

Anscheinend hat sich irgendjemand im Land der Programmierer einen alten Gangsterfilm angesehen und dabei einen gehörigen Schrecken bekommen: Jimmy Cagney klopft während der Prohibition an die Tür eines Lokals, in dem Alkohol ausgeschenkt wird, aber bevor der Türsteher ihn einlässt, muss Cagney alias Bugsy ihm ein Passwort nennen, das beweisen soll, dass er keine »dreckige Ratte« und kein »Bulle« ist. Schließlich gibt es im Hinterzimmer Alkohol in rauen Mengen, und es werden auch verbotene Glücks-

spiele veranstaltet. Aber was um Himmels willen hat
eBay zu verbergen? Warum brauche ich ein Passwort,
um mir eine Auktion anzusehen? Versteigern sie dort
etwa doch heiße Ware, oder fürchtet man gar, dass das
gebrauchte Waffeleisen in die falschen Hände geraten
könnte?

Hört zu, Jungs. Die Prohibition ist Geschichte, und
mit den Einnahmen aus dem Glücksspiel werden
heute unsere Schulen finanziert. Irgendwie verwun-
dert es dann schon, warum ich eine Bedrohung für
American Express darstelle, nur weil mir »Doodle 3«
(das ist natürlich nicht mein richtiges Passwort) einfach nicht mehr einfallen will.

Selbst die Post, immerhin eine halb staatliche Einrichtung, die sogar die Möglichkeit hat, die Sozialversicherungsnummer, die ich eingebe, mit meiner
Nummer in der großen Cyberspace-Akte am Himmel zu vergleichen, verlangt von mir ein Passwort,
bevor sie mir gestattet, Briefmarken online zu bestellen. Hinzu kommt, dass man ganz konkrete Vorstel-
lungen davon hat, wie dieses Passwort auszusehen hat:
Es muss mindestens acht Stellen enthalten, davon
muss wenigstens eine ein Großbuchstabe, eine ein
Kleinbuchstabe und eine eine Ziffer sein. Verstanden?
Ich brauchte vier Versuche. Zuerst vergaß ich den
Großbuchstaben, dann den Kleinbuchstaben und
schließlich die Ziffer. Als sie endlich das bekommen
hatten, was sie wollten, bat man mich noch, das Passwort zu wiederholen, um zu beweisen, dass es auch

wirklich mein Passwort war. Ich vertippte mich, und sofort gingen die Sirenen los. Haltet diese Betrügerin auf! Sie ist nicht in der Lage, das Passwort zu wiederholen. Nein, für so jemanden gibt es keine Briefmarken!

Es wäre zwar noch immer lächerlich, aber bei weitem nicht so schlimm, wenn wir ein einziges Passwort für jeden Anlass verwenden könnten. Da das jedoch ein unerfüllbarer Traum bleiben wird, habe ich – so denke ich jedenfalls – eine Lösung gefunden, die – wie ich glaube – alle Seiten zufriedenstellen würde: ein nationales Verzeichnis von Passwörtern, so ähnlich wie unsere Sozialversicherungsnummern, sicher vor jedem Identitätsdiebstahl geschützt. Und jetzt, da die Demokraten im Parlament die Mehrheit haben, könnten wahrscheinlich auch ein paar Tausend Kräfte eingestellt werden, um das neugeschaffene Bureau Underwriting Letters and Ledgers for Safe Holding zu besetzen. Und was wäre das Ergebnis? Wenn Sie oder ich auf irgendeine Website gehen wollen und nach unserem Passwort gefragt werden, müssten wir nur B-U-L-L-S-H- ... eintippen, und noch bevor man Sie fragen kann, ob Sie den Vorgang auf dieser Seite weiter ausführen wollen, sind wir auch schon drin.

ÜBER
DIE
VERGAN
GENHEIT

Du hast den Eindruck,
Jahr um Jahr,
dass früher vieles
besser war.

DIE MUTTER
DER PORZELLANKISTE

Ich weiß gar nicht, was die Leute heutzutage haben. Mit einem Mädchen zwischen dreizehn und neunzehn Jahren fertig zu werden, muss doch nicht zwangsläufig ein Alptraum sein. Lassen Sie sich das von einer Mutter gesagt sein, die diese Zeit erfolgreich hinter sich gebracht hat. Ich will nicht behaupten, dass ich immer eine perfekte Mutter war, aber als meine Töchter im Teenageralter waren, sind wir hervorragend miteinander ausgekommen. Sie fragen, wie ich das geschafft habe?

Vor allem sagte ich nur dann etwas, wenn ich darum gebeten wurde, und selbst in diesem Fall fasste ich mich so kurz wie möglich. Meine Töchter konnten stets darauf vertrauen, dass ihr verdrossenes Schweigen niemals von einer fröhlichen Stimme gestört werden würde. Wenn aber eine von ihnen tatsächlich etwas sagte, selbst wenn dies nur einmal in der Woche geschah, bestimmte allein sie die Dauer und das Thema des Gesprächs. Vielleicht wollte sie ja darüber sprechen, wann das Essen fertig sein würde; vielleicht wollte sie – wenn sie an diesem Tag besonders gesprächig war – ja sogar darüber diskutieren, was auf den Tisch kommen würde. Ich versuchte mit diesen Themen immer genau so umzugehen, wie ich, als sie noch klein gewesen war, mit dem Thema Sex umgegangen war: Ich sagte ihr immer nur so viel, wie sie wissen wollte. Ich habe instinktiv gewusst, dass ich zwar sagen durfte: »Es gibt Roastbeef, Salat und Obst«, ich jedoch keinesfalls hinzufügen durfte: »Findest du es wirklich in Ordnung, wenn du kurz vor dem Essen noch eine ganze Tüte Chips in dich hineinstopfst?« Das wäre nämlich in zweierlei Hinsicht ungehörig gewesen. Erstens hätte es ihre bürgerliche Freiheit in unzulässiger Weise eingeschränkt, wenn ich ihr das Recht abgesprochen hätte, sich den Appetit zu verderben. Und zweitens: Es war eine Frage.

Jeder, der einen Teenager einmal länger als zwei Wochen im Haus gehabt hat, weiß, dass man ihm niemals eine Frage stellen darf. Bei meiner ersten Tochter war mir das zunächst noch nicht bewusst gewesen. Ich fragte sie Dinge wie: »Welche Note hast du in Algebra bekommen?«, »Um wie viel Uhr wirst du wieder zu Hause sein?« oder »Wie heißt Moose mit Nachnamen?« – ohne dabei auch nur im Ansatz zu realisieren, dass ich damit ihre Privatsphäre in gröbster Art und Weise verletzte. Nach vielem Türenknallen und einer bis zum Anschlag aufgedrehten

Stereoanlage begriff ich endlich. Kurze Bemerkungen sind zulässig, neugierige Fragen hingegen nicht.

Das bedeutete allerdings nicht, dass ich niemals die Möglichkeit gehabt hätte, meine Meinung zu äußern. Ganz im Gegenteil. Ich kann heute gar nicht mehr sagen, wie oft die eine oder die andere meiner Töchter an meine Schlafzimmertür geklopft und mich um meine mütterliche Meinung gebeten hat: Was ich davon hielt, wenn ein Mädchen zweimal hintereinander im selben Kleid zum Tanzen ging? Ob ich – und das war eine wirklich wichtige Frage – nicht auch der Meinung sei, dass meine blaue Bluse unglaublich gut zu *ihren* blauen Shorts passen würde? Oder: Wäre es besser, mit fünfzig Gästen im Sommer im Garten oder im Winter im Haus zu feiern? Ich war mit ihren geheimsten Gedanken vertraut. Die einzigen Dinge, über die wir niemals sprachen, waren Religion, Politik, Moral und andere ähnlich unwichtige Themen.

Wie gut unsere Kommunikation funktionierte, war auch daran zu erkennen, dass die Mädchen nicht nur zu mir kamen, um sich Tipps geben zu lassen (siehe oben), sie waren vielmehr auch bereit, mich in den Genuss ihrer Ratschläge kommen zu lassen. Nicht jede Mutter ist ihren Töchtern wichtig genug, dass sie sie darauf aufmerksam machen, wenn sie einen zu kurzen (oder zu langen) Rock trägt, ihr Lippenstift für ihren Teint zu kräftig (oder zu matt) ist oder ihr Make-up ihre Fältchen betont, statt sie zu kaschieren. Meine Töchter waren so fürsorglich, dass sie über meine Fri-

suren abstimmten, persönlich meine Garderobe überwachten und mich jederzeit darüber informierten,
was ich noch tun könnte, um besser auszusehen.

Ihr Modestil hingegen stand niemals auch nur zur
Diskussion. Ich bemühte mich sehr, nicht zusammenzuzucken, wenn ich eine unserer aufblühenden jungen Damen in einer weiten Hose, einer Indienjacke
und mit Schlapphut sah. (Das war in den Sechzigern.)
Droht nicht das Herz einer jeden Mutter zu brechen,
wenn ihre Tochter ständig barfuß herumläuft und
ihre Haare wie Schnüre über ihren Rücken hängen?
Ich versuchte mir sogar krampfhaft einzureden, dass
das großartig aussah. Wirklich großartig.

Die Basis unserer Kommunikation war immer die
Ehrlichkeit. Ich habe meine Mädchen niemals angelogen. Ich habe niemals versucht, ihnen zu erklären,
dass auch ich einmal jung gewesen bin. Warum sollte
ich mir ihr Vertrauen verscherzen? Sie waren immer
zutiefst überzeugt, dass ich bereits grauhaarig und abgeklärt auf die Welt gekommen war. Ansonsten hätte
mir doch bewusst sein müssen, dass Dreizehnjährige
schon fest mit jemandem gehen; dass Augen-Makeup in der siebten Klasse nicht nur erlaubt, sondern
vielmehr zwingend erforderlich ist; dass jedes Familienmitglied das gleiche Anrecht auf bestimmte Annehmlichkeiten hat (zum Beispiel ein eigenes Telefon,
einen eigenen Föhn und ein eigenes Dienstmädchen);
dass ein sechzehnjähriges Mädchen durchaus in der
Lage ist, weite Strecken mit dem Auto zu fahren, wäh

rend ein anderes sechzehnjähriges Mädchen auf es aufpasst. All das hätte ich gewusst, wenn ich nur selbst einmal jung gewesen wäre.

Das Wunderbarste an meiner Mutterschaft war die Beziehung, die sich zwischen meinen Töchtern und mir entwickelte. Diese beruhte voll und ganz auf Wechselseitigkeit. Sie wussten, dass sie jederzeit mit mir reden konnten, ich wusste, dass ich jederzeit zuhören konnte. Sie wussten, dass sie mich alles fragen konnten: Ich wusste, dass ich ihnen antworten würde. Sie konnten stets auf meine unerschütterliche Unterstützung vertrauen – und ich ebenfalls. Es gab absolut nichts, was *ich* nicht für uns getan hätte.

Der beste Beweis für unser großartiges Verhältnis war, dass meine ältere Tochter und ich darüber verhandelten, wie oft *ich mein* Auto benutzen durfte. Ich legte ihr meine zugegeben etwas egoistischen Bedürfnisse dar: zur Arbeit fahren, Lebensmittel einkaufen, Zahnarzttermine wahrnehmen, Kleidung zur Reinigung bringen, etc. Sie hielt mit ihren wahrlich dringenderen Bedürfnissen dagegen: zum Basketballtraining fahren, nicht den Schulbus nehmen zu müssen, sich mit Freunden treffen. Zunächst fanden wir keine Lösung für dieses Problem, bis meine Tochter mit der kristallklaren Logik, die jungen Menschen nun einmal eigen ist, bemerkte: »Weißt du, Mom, so können wir nicht weitermachen. Das führt zu nichts. Ich frage mich, ob ihr, ich meine du und Dad, nicht über eine Fahrgemeinschaft nachdenken solltet?«

EINPACKEN

Im Kofferpacken bin ich wirklich einsame Spitze. Das ist keine Angeberei, das ist einfach eine Tatsache. Aus langjähriger Erfahrung weiß ich, wann ich etwas zusammenrollen und wann ich etwas zusammenlegen muss. Ich lege Seidenpapier zwischen dunkle und helle Sachen. Ich stopfe Socken in die Ecken. Ich weiß ganz genau, wie ich meine Kleidung einpacken muss, damit sie, wenn sie aus dem Koffer kommt, aussieht wie frisch gebügelt. Was ich jedoch nicht weiß, ist, was ich überhaupt einpacken soll.

Es ist nicht so, dass ich mich vor Reiseantritt nicht umfassend informieren würde. Sobald ich weiß, wohin die Reise geht, gehe ich ins Internet und sehe bei Yahoo Travel nach, mit welchem Wetter dort zu rechnen ist: In Vancouver beträgt die durchschnittliche Tagestemperatur im September achtzehn Grad. Während ich an den nackten Zahlen und Werten vorbeischaue, versuche ich herauszufinden, was die fröhlichen Touristen in dem kleinen Bild auf meinem

Bildschirm gerade tragen. Und das ist dann in aller Regel genau der Moment, wo ich anfange, mir ernsthaft Sorgen zu machen. Ist das, was diese Frau dort trägt, vielleicht eine Denim-Jacke? Nein, die Jacke sieht dicker aus. Leder? Wildleder? In welchem Monat wurde das Foto aufgenommen? Das steht natürlich nicht dabei. Ich besitze eine Lederjacke, die aber ziemlich schwer ist. Außerdem habe ich bereits einen gefütterten Regenmantel eingepackt, auch wenn ich mir nicht sicher bin, ob ich das Futter im September wirklich schon brauchen werde.

Nein, nein, kein Grund, gleich die Männer mit den weißen Kitteln zu rufen. Ich weiß, was bei mir nicht stimmt. Ich habe eine klassische Kleiderneurose, und selbst ich kann Ihnen sogar genau sagen, warum ich sie habe. Nein, diesmal ist nicht meine Mutter schuld. Schuld daran sind vielmehr meine Flitterwochen. Mein Mann und ich haben Anfang März geheiratet. Unsere Hochzeitsreise sollte auf die Bermudas gehen. Ich denke, auch Ihnen kommt gleich ein bestimmtes Bild in den Sinn: Bermudashorts, pastellfarbene Hemden und leichte Pullover, so wie sie eben bei einer milden Brise völlig ausreichend sind.

Und jetzt stellen Sie sich einen Koffer vollgepackt mit Sommerkleidung vor, während das Thermometer mit größter Mühe gerade einmal bis auf zehn Grad klettert und ein kalter, feuchter Nebel über den rosigen Korallensträndern liegt. Wenn ich die erforderliche Sorgfalt hätte walten lassen, wäre mir vielleicht aufgefallen, dass die Hochsaison auf den Bermudas Mitte April beginnt und bis Ende Juni dauert. Unser Wetter war für die Jahreszeit also bei weitem nicht so untypisch, wie man uns das in unserem Hotel glauben machen wollte. Zum Glück hatte ich einen langen gelben Wollmantel dabei, nur für den Fall, dass es abends doch einmal etwas kühler wurde. Diesen im letzten Moment eingepackten Mantel zog ich dann während der gesamten zehn Tage unseres Aufenthaltes so gut wie nicht mehr aus. Sie glauben mir nicht? Dann werfen Sie doch einen Blick in mein Fotoalbum. Auch heute noch, unzählige Jahre später, sind die Wunden dieses ersten Traumas meiner Ehe noch immer nicht verheilt.

Erfahrene Reisende raten zur Zwiebeltechnik[6], um es auch dann noch kuschelig warm zu haben, wenn es plötzlich unerwartete Kälterekorde geben sollte. Falls die Temperaturen dann wieder zu steigen beginnen, kann man sich sozusagen schichtweise entblättern, zuerst die Jacke, dann die Bluse und so weiter. So weit, wie es der Anstand eben erlaubt. Diese Methode funktioniert jedoch nur am Oberkörper. Wenn Sie zwei Paar Hosen übereinander anziehen müssen, sehen Sie zwangsläufig aus wie das Michelin-Männchen. Und einen Rock über einer Hose zu tragen ist auch nicht

---

6 Bei der »Zwiebeltechnik« trägt man, wie der Name schon sagt, mehrere Schichten Kleidung übereinander. Etwa Unterhemd, Bluse, Pullover und Jacke.

unbedingt chic. Es erinnert mich an die kalten Wintertage in meiner Kindheit, als meine Mutter mich so zur Schule schicken wollte.

Abgesehen davon habe ich – ich gebe das ganz offen zu – nicht nur ein Problem mit dem Gewicht des Koffers. Die Frage, welche Bluse, welchen Rock und welche Jacke ich mitnehmen soll, macht mich stets umso nervöser, je näher der Abreisetag rückt.

Ich habe eine Freundin, die sich, wenn sie verreist, grundsätzlich auf Beige und Schwarz beschränkt. Alles ist miteinander kombinierbar, und sie kommt mit einem Minimum an Accessoires, Schuhen und Taschen aus. Tolle Idee. Eigentlich. Dummerweise schillert mein Kleiderschrank in allen möglichen Farben, darunter Pink, Braun, Grün und Rot. Ich besitze dabei jeweils die passenden Blusen, Jacken, Schuhe und Taschen. Würde ich mich jetzt wie meine Freundin auf nur zwei – miteinander kombinierbare – Farben beschränken, dann würde meine Garderobe nur für einen Urlaub von zwei Tagen reichen. Und wenn meine einzige Bluse einen Fleck bekäme, müsste ich sofort abreisen.

Damit ich gar nicht vor so ein Problem gestellt werde, nehme ich also etwas mehr Garderobe mit. Vielleicht acht oder zehn Oberteile: kurzärmelig, langärmelig und mit Dreiviertelärmel, die finde ich besonders nett. Drei oder vier Paar Freizeithosen (sie neigen immer so zum Knittern); ein kurzer und ein langer Regenmantel (für leichten oder strömenden

Regen), ein paar Strickjacken und ein paar Pullover. Und bevor ich mich versehe, ist mein Kleiderschrank leer, und mein riesiger Rollkoffer, den ich niemals wieder mitzunehmen geschworen habe, weil drei Personen nötig sind, um ihn am Flughafen vom Gepäckband zu zerren, ist zum Bersten voll.

Während ich packe, versuche ich mir jedes Mal einzureden, dass ich doch eigentlich geheilt bin. Erinnerst du dich noch an deinen letzten Urlaub?, frage ich mich dann in aller Strenge. Nicht nur, dass in der Hütte (dem Zimmer, der Kabine, dem Hotel) nicht genügend Kleiderbügel vorhanden waren, ich hatte auch eine so große Auswahl, dass ich eine geschlagene Viertelstunde vor dem Schrank stand und mich nicht entscheiden konnte, was ich zum großen Lachsessen in einem Restaurant, das direkt an dem Fluss stand, in dem die Fische stromaufwärts ihrem Schicksal entgegenschwammen, anziehen sollte. Natürlich schwarz. Aber würde ich einen Pullover brauchen? Baumwolle? Wolle? Und welche Art von Stiefeln? Meine L. L. Beans (Halbstiefel, gefüttert, wasserdicht)? Oder meine Land's Ends (knöchelhoch, aus Leder, Profilsohle, perfekt zum Bergwandern geeignet)? Lagen zwischen dem Boot und dem Restaurant am Fluss irgendwelche Berge? Die Beschreibung im Prospekt blieb in diesem Punkt merkwürdigerweise sehr vage.

Nur weil ich bislang keinen Erfolg damit hatte, meinen ausgeprägten Pack-Impuls in den Griff zu bekommen, bedeutet das nicht, dass ich die Hoffnung auf eine endgültige Heilung aufgegeben hätte. Nennen Sie mich eine Träumerin, aber ich freue mich auf den Tag, an dem die ersten Einpack-Hemmer auf den Markt kommen. Dann werde ich einfach ein oder zwei Tabletten Kofferin[7] (verschreibungspflichtig) einwerfen, eine winzige Reisetasche zur Hand nehmen und so entspannt wie jemand, der nicht weiß, dass er unter vier Paar Jeans wählen kann, mit dem Packen beginnen.

---

7 Noch kein eingetragenes Warenzeichen

SAMMELN MACHT SELIG

Ich habe mir immer gewünscht, zu jenen Menschen zu gehören, die, wenn sie von einer Reise nach Hause kommen, ihren Urlaubsfilm entwickeln lassen und die Abzüge, sobald sie sie in Händen halten, dann einfach in ein Album kleben und jede Seite, nein, jedes Foto auf jeder Seite beschriften.

Leider gehöre ich nicht zu diesen Menschen. Bei weitem nicht. Bei mir treffen Sammelleidenschaft und Unentschlossenheit zusammen – kurz gesagt, ich leide unter einer ausgeprägten Papier-Anschaffungs-Störung, allgemein bekannt als PAS. Es ist nicht nur so, dass ich nichts wegwerfen *will*, ich *kann* es einfach nicht. Unglücklicherweise disqualifiziert mich das von vornherein für die Wahl zur Hausfrau des Jahres. In jedem Jahr.

Nein, meine eigenen vier Wände versinken nicht im Chaos. Wenn Sie mein Haus betreten, werden Sie keineswegs über Berge alter Zeitungen stolpern. Fotos exotischer Landschaften, Einladungen, Zeitungsausschnitte, die Zeugnisse meiner Kinder aus der dritten Klasse (sie haben inzwischen selbst Kinder), Restaurantkritiken und volle Notizbücher liegen bei mir nicht einfach so herum. Alles ist fein säuberlich gestapelt, gebündelt, zusammengeheftet und verschnürt. Bis auf meine Loseblättersammlung mit Rezepten, wo die Ossobucos geduldig neben den dekadenten Schokoladenkuchen warten, in der Hoffnung auf eine feste Seitenzuweisung.

Das Leben macht es uns PASern nicht leicht. Im Grunde ist es wie bei allen anderen Menschen auch. Wir erwerben im Laufe unseres Lebens Dinge und immer mehr Dinge – Andenken, die zu greifbaren Erinnerungen an die Orte werden, die wir besucht haben, und an die Menschen, denen wir begegnet sind. Ich besitze leere Sammelalben, *viele* leere Sammelalben, die regelrecht darum betteln, einen Fahrschein für die Metro oder einen Zugfahrplan zwischen ihren Einstecktaschen aus Klarsichtfolie beherbergen zu dürfen. Ich besitze aber auch Körbe, Schuhschachteln, Umschläge und Aktenordner, die randvoll mit Konzertprogrammen, Kindergartenbasteleien und alten Geburtstagskarten *mitsamt* ihren Umschlägen sind. Alles Dinge, die mit Sicherheit eines Tages für irgendetwas nützlich sein werden, wie zum Beispiel unbenutzte Autoaufkleber, oder aber unwiederbringlich sind, wie all die Mitbringsel von unseren Reisen. Wie kann man es übers Herz bringen, sich von einer Rechnung des Marriott Courtyard von 1982 zu trennen? Wie von Reisepässen, die dreimal verlängert wurden; von Eintrittskarten für den Botanischen Garten in Halifax oder einem Stadtplan von Newark? Wenn ich schon den an sich unverzeihlichen Frevel begangen habe, die Postkarten nicht aus Mexiko abzuschicken, soll ich jetzt alles noch schlimmer machen und sie einfach wegwerfen? Oder sollte ich die Hochglanzbilder, die in aller Regel besser sind als die Fotos, die ich gemacht habe, nicht doch besser für den farbenfrohen Sammelordner aufheben, den ich mit »Unsere Reisen« beschriften werde?

Mein Mann kommentiert meinen Hang zum eichhörnchenartigen Sammeln gelassen mit den Worten: »Meine Frau hebt einfach alles auf!« Aber das stimmt absolut nicht. Was er dabei einfach übersieht, ist, dass ich durchaus versuche auszudünnen. Ich beschränke mich dabei jedoch in aller Regel auf die Informationen zum Datenschutz, die mit dem Kontoauszug und mit jeder Rechnung eines Kaufhauses ins Haus flattern. Ich sehe pflichtgemäß meine Kassenbelege alle zwei Jahre durch und werfe dann jene weg, bei denen die Garantie schon mindestens zwei Jahre zuvor abgelaufen ist. Zugegeben, meine Sammlung an Einkaufstüten ist beachtlich. Doch ich hebe nicht einfach alle großen Tüten auf, sondern nur die, die eine Kordel als Henkel haben oder die aus den Geschäften stammen, die abseits meiner gewohnten Wege liegen – nun gut, ziemlich weit abseits liegen (Tiffany, Gucci oder Harrods). Nur an Weihnachten, wenn ich große Tüten brauche, um die Geschenke darin zu transportieren, sammle ich zusätzlich noch Tüten von Bloomingdale's, Banana Republic, Gap oder Trader Joe's. Bei Minitüten kann ich jedoch nie widerstehen. Ich habe mehr als nur ein paar entzückende kleine Einkaufstütchen, die die Geschäfte ein hübsches Sümmchen gekostet haben müssen.

In mancher Hinsicht sehe ich mich als unbezahlte Historikerin. Wenn nicht ich die Geschäftskarten von Leuten aufbewahre, deren Geschäft schon längst nicht mehr existiert, wer soll es dann tun? Alte Zeitschriften? Welche Ausgabe hätten Sie denn gern? Briefpapier mit unserer alten Adresse? Wie viele Blätter? Kalender? Welches Jahr? Ich bin mir sicher, dass ich der Nachwelt einen großen Dienst erweise, wenn ich Rechnungen für Möbel, Garantiekarten und Bedienungsanleitungen katalogisiere. Vielleicht werden zukünftige Generationen eines Tages sogar bei eBay auf das Installationsdiagramm meiner uralten Waschmaschine bieten.

Eines muss ich jedoch zugeben: Die Lagerung ist ein Problem. Wir PASer brauchen Platz. Viel Platz. Wir lassen uns nicht einschränken. Wir können grundsätzlich nur in Häusern mit Dachgeschossen oder begehbaren Schränken wohnen; Untergeschosse oder Keller sind anfällig für Schimmel. Schreibtische bieten oft nur sehr begrenzten Platz, und an Esstischen muss man dummerweise auch noch essen können. Positiv ist, dass der Stauraum nicht notwendigerweise leicht zugänglich zu sein braucht. Es ist nicht so, dass ich alles zu jeder Zeit griffbereit haben muss. Schließlich handelt es sich bei den Dingen, die ich sammle, nicht um offizielle Dokumente. (Mein Mann verwahrt die Unterlagen für unser Haus und die Papiere für unsere Autos in einem Ordner mit Register.) Meine Schätze hingegen finden sich auf hohen Regalen, in der Garage oder im Werkzeugschuppen. Soweit es mich betrifft, haben sie jedenfalls alle ihre letzte Ruhestätte gefunden.

Apropos Ruhestätte. Ich bin ungeheuer stolz auf meine Familie. Wann immer wir über die Übergabe meiner weltlichen Güter sprechen, zeigt sich keines meiner Kinder selbstsüchtig oder gar gierig. Im Gegenteil, sie sagen immer:

»Nimm du es.«

»Nein, nimm du es.«

»Das würde mir nicht im Traum einfallen.«

Wenn ich das höre, bin ich froh, dass ich all ihre Milchzähne aufgehoben habe … irgendwo.

DAGEGEN IST KEIN KRAUT GEWACHSEN

Auch wenn ich würde hundertdrei
und kochte und backte ständig dabei,
mir blieben Rezepte wohl ohne Ende,
welche ich noch zu probieren fände.

Ich heiße Lyla und bin süchtig nach Rezepten. Ich sammle schon seit fünfzig Jahren Rezepte und kann damit einfach nicht mehr aufhören. Wenn ich bei meinem Zahnarzt im Wartezimmer die Zeitschriften durchblättere und dort ein Rezept für welken Spinat und Vollkorncracker sehe, mache ich mich sofort auf die Suche nach einem Kopiergerät. Wenn ich mit dem Auto unterwegs bin und im Radio ein Rezept für Kängurusuppe höre, notiere ich es mir auf dem nächstbesten Stück Papier, das mir in die Hände fällt: meinem Fahrzeugbrief, der Gebrauchsanweisung für mein Auto, wo auch immer, denn ich muss dieses Rezept unbedingt haben. Rezepte für Fleisch, Fisch, Kuchen, Salate, Sonntagsessen und Barbecues warten

geduldig in Ordnern, Notizbüchern, Alben, Kartei-
kästen und Schnellheftern darauf, endlich einmal ausprobiert zu werden, bevor sie völlig vergilbt sind.

Wenn es in irgendeiner Weise vielversprechend
wäre, ein Kochbuch zu schreiben (wie finden Sie es,
wenn die Autorin etwas älter und noch völlig un-
bekannt ist?), wäre ich versucht, so circa tausend der
besten Rezepte auszusuchen und ein gigantisches
Kochbuch mit dem Titel *Lylas Lieblingsrezepte* auf den
Markt zu bringen. Obwohl mich vielleicht als Köchin
niemand kennen mag, könnte man dies elegant umgehen, indem man andeutet, dass ich meine ersten
Erfahrungen bei Alice Waters im Chez Panisse gemacht habe. Auf diese Weise würde die Kochbücher
kaufende Leserschaft dezent darauf hingewiesen, dass
sie eigentlich wissen sollte, wer oder was ich bin. Die
Bücher würden sich dann wie von selbst verkaufen,
und ich hätte es mit ein paar Tausend Zetteln weniger
zu tun.

Wenn man, so wie ich, geradezu zwanghaft Rezepte sammelt, hat man irgendwann das Problem, dass
ein Rezept für den Lady Baltimore Cake (den ich nicht
einmal sonderlich mag) oder *ein* Rezept für Thunfisch-Kasserolle in keiner Weise den Anforderungen
entspricht. Man braucht einfach mehrere davon. In
eine würzige Thunfisch-Kasserolle gehören möglicherweise ganz andere Zutaten als in eine Sonntagabend-
Thunfisch-Kasserolle – eine Prise Curry, vielleicht
eine kleine Dosis Piment für die Soße. Ein drittes

Rezept, zum Beispiel eine Samstagabend-Thunfisch-Kasserolle für liebe Gäste, wird möglicherweise sogar ganz ohne Soße serviert, dafür aber mit einer knusprigen Kruste aus in Milch eingeweichten und dann gut ausgedrückten Semmeln. Lecker!

Vor den achtziger Jahren wussten die Rezepte noch ganz genau, wo sie hingehörten, nämlich in Frauenzeitschriften. Ich blätterte jeden Monat einige von ihnen durch und schnitt ein Rezept für flambierte Bananen hier und ein anderes Rezept für flambierte Bananen dort aus. Meine Arbeit war im Großen und Ganzen auf ein paar Stunden im Monat beschränkt. Wenn ich mich recht erinnere, kam ich damals auch noch mit einem einzigen großen Ordner aus.

Dann, in den achtziger Jahren, nahm das Ganze eine Wende zum Schlechteren. Jetzt tauchten die Rezepte überall auf. Und natürlich musste ich sie alle haben. Wenn eines auf einer Lebensmittelverpackung abgedruckt war, schnitt ich es mit einer Rasierklinge aus dem Karton, oft mit katastrophalen Folgen für den Inhalt. In Haushaltszeitschriften, in denen früher nur Küchen und die dazugehörigen Utensilien und Haushaltsgeräte vorgestellt wurden, waren jetzt auch Rezepte für die Gerichte abgedruckt, die man in diesen Küchen, mit diesen Utensilien und mit diesen Haushaltsgeräten auf den Tisch zaubern konnte. Prospekte für Gartenartikel sagten einem jetzt nicht nur, wie man richtig Gemüse anbaut – nein, sie sagten einem auch, wie man es nach der Ernte zubereitet. Zu jedem Lebensmittel gab es nun ein Rezeptbuch dazu: *Hundert verschiedene Arten, Rigatoni zuzubereiten* oder so ähnlich.

Anfang der neunziger Jahre war mein Ordner voll. Randvoll. Kurze Zeit später war ich stolze Besitzerin von zwei dicken Alben und zwei Schnellheftern. Außerdem hatte ich gerade einen zweiten Karteikasten erworben. Denn jetzt wurden in den Katalogen der Versandhäuser nicht nur Paella-Pfannen angeboten, sondern gleich auch das dazugehörige Rezept. In den Gesundheitsbroschüren fanden sich unzählige Gesundheitsrezepte. Restaurants versorgten einen auf Wunsch mit den Rezepten für ihre Spezialitäten (und das für sie völlig gefahrlos, da sie ganz genau wussten, dass kein Hobby-Koch sich jemals an gesalzene Haiflossen oder gedünstetes Bangladeshi Beef heranwagen würde). Auf dem Fischmarkt bekam man beim Kauf eines Fisches gleich das passende Rezept mit eingepackt. Im Supermarkt zeigten Köche ihr Können, und die entsprechenden Rezepte wurden zusammen mit den Kostproben verteilt.

Und das alles war nur das, was in gedruckter Form verfügbar war. Vorhang auf für die Fernsehköche! Entweder mit ihrem eigenen Programm oder im Rahmen des Frühstücksfernsehens. Da die Zutatenlisten gerade dann über den Bildschirm flimmerten, wenn ich meinen Morgenkaffee trank, sind die meisten dieser Rezepte entweder auf den Rand der Zeitung oder auf meiner Einkaufsliste für diesen Tag notiert. Ich hatte mir vorgenommen, sie irgendwann fein säuberlich auf hübsche Rezeptkarten zu übertragen, aber ich hatte im letzten Jahrzehnt oder so einfach viel zu viel zu tun.

Dennoch kam ich damals noch immer ganz gut zurecht. Das änderte sich mit dem Internet. Als dort plötzlich geradezu explosionsartig Websites mit Rezepten auftauchten, wuchs mir das Ganze schlicht und ergreifend über den Kopf. Haben Sie auch nur eine ungefähre Ahnung, wie viele Rezepte Sie im Netz finden können? Ich weiß es zwar auch nicht, aber mein Drucker läuft gerade wieder einmal heiß. Der Vorteil ist, dass ich jetzt keine später nur mit größter Mühe zu entziffernden Notizen auf irgendwelche Zettel mehr zu machen brauche. Ich gehe einfach ins World Wide Web und drucke mir, zusammen mit der Zubereitung *und* einem Bild des lächelnden Fernsehkochs, der das Endprodukt präsentiert, das Rezept aus. Einen Nachteil hat die Sache allerdings: Ich verbrauche jede Menge Tintenpatronen.

Man hat mich gefragt, wann ich all diese Rezepte auszuprobieren gedenke. Was für eine dumme Frage! Trinkt denn jeder, der Teekannen sammelt, auch aus jeder einzelnen von ihnen seinen Tee? Und wer benutzt heutzutage noch Schnupftabakdosen? Abgesehen davon vermittelt mir meine Sammlung ein Gefühl der Sicherheit. Falls mich irgendwo irgendjemand nach einem Rezept für Chili con Carne, Hühnerchili oder vegetarisches Chili fragt, kann ich mir sicher sein, dass ich über zwei oder drei Dutzend solcher Rezepte verfüge. Ehrlich gesagt, falls also jemand, der dieses Buch liest, sich für eine völlig neue Zubereitungsmethode für Straußenfleisch interessiert, dann soll er mich doch einfach anrufen. Meine Nummer lautet: 1-800-SPINNER.

WIMPERNKLIMPERN

Die Werbung lügt nicht. Ab einem bestimmten Alter wird die Haut einer Frau tatsächlich trockener. Bei mir war es so weit, als ich, noch in den Dreißigern, auf meinen Schultern eines Tages so etwas wie Schneeflocken bemerkte. Eine meiner Freundinnen, die einen solchen Schneefall bereits erlebt hatte, riet mir, ich solle mir zur Verjüngung meiner alternden Haut eine Feuchtigkeitscreme kaufen. Also setzte ich meine jüngste Tochter in ihren Kinderwagen und machte mich noch am selben Tag auf den Weg.

Am Kosmetikstand eines großen Kaufhauses bat ich eine der Verkäuferinnen um Hilfe. Ich meinte natürlich, bei der Wahl einer Feuchtigkeitscreme. Sie jedoch ging offensichtlich davon aus, dass ich sie ganz allgemein um Hilfe gebeten hätte. Und so fragte sie mich, nachdem sie mir einen winzigen Tiegel in die Hand gedrückt hatte, dessen Preis unserem monatlichen Budget für den Fleischeinkauf entsprach, voller Mitleid: »Möchten Sie auch etwas für Ihre Augen?«

Ich war mir nicht sicher, wie sie das meinte. Ein Taschentuch? Eine Augenklappe? Während ich also noch rätselte, präsentierte sie mir ein kleines Plastikschächtelchen, in dem lange, geschwungene Wimpern lagen. Mein erster Gedanke war, dass jetzt irgendwo irgendeine arme Frau ohne ihre Wimpern herumlief. Erst dann bemerkte ich die anderen Schächtelchen mit Wimpern, die auf dem Tresen aufgereiht standen: »long spikeys«, »twisted fringes« und »demi-fulls« – und dies alles zu Preisen, die von geradezu lächerlich bis unverschämt reichten. (Ich hoffte inständig, meine Familie würde nicht merken, dass ich mehrere Kilo Roastbeef im Gesicht trug.) Während ich noch mit mir kämpfte, warf ich einen Blick in den Spiegel und sah in zwei tiefliegende braune Teiche, die von ein paar willkürlich verteilten Wimpern umgeben waren. Ich war schon damals realistisch genug, um zu wissen, dass mir niemand in die Augen sah, es sei denn, ich forderte ihn aus irgendeinem Grund dazu auf. Hinzu kam, dass ich mich damals, da ich auf die vierzig zuging, in der Midlifecrisis befand. Also vergaß ich jede Vernunft und entschied mich, mir falsche Wimpern zu kaufen.

Während wir schon bald von Zuschauern umringt waren, begann die Kosmetikerin mit ihrem Werk. Innerhalb von fünf Minuten waren meine Augen tiefschwarz umrandet. Auf meinen Lidern schimmerte ein brauner Lidschatten, und zwischen meinen eigenen, höchst unzulänglichen Wimpern klebten jetzt die langen, geschwungenen »natural full« einer unbekannten Spenderin. Als ich in den Handspiegel sah, blickte mir das Gesicht von Sophia Loren entgegen, und ich konnte nur hoffen, dass unsere Freunde mich nicht als Bedrohung für ihren Haussegen ansehen würden.

Mein neuer Look hielt bis zum Schlafengehen. Dann nämlich nahm ich die Wimpern ab und legte sie in ihr kleines Schächtelchen zurück. Ich hätte sie besser drangelassen. Am nächsten Tag versuchte ich sie wieder anzukleben, denn ich wollte sie bei der Elternbeiratssitzung unbedingt tragen, damit meine Kolleginnen sahen, wie phantastisch eine Vorsitzende aussehen konnte, wenn sie nur wollte.

Die Kosmetikerin hatte sie – wie ich mich sehr wohl erinnerte – mit ein paar raschen Handbewegungen an meine Lider gezaubert. Wahrscheinlich hatte sie dafür einen zweijährigen Kurs absolviert, mir stand dafür jedoch nur ein kleines illustriertes Heftchen zur Verfügung. Ich folgte den Anweisungen dort peinlich genau, aber die Wimpern klebten einfach nur an meinen Fingern fest. Erst nach mehreren Versuchen gelang es mir schließlich, mehr Kleber auf meine Augenlider aufzutragen als auf meine Hände, und schon warfen die Wimpern sozusagen das Handtuch. Ich war wieder so bezaubernd schön wie am Tag zuvor.

Zumindest vorübergehend. Ich hatte nämlich so viel Kleber verwendet, dass nicht nur meine falschen Wimpern an meinen Lidern klebten. Jetzt klebten jedes Mal, wenn ich bei einem ganz normalen Blinzeln die Augen schloss, meine Lider zusammen. Ich stand also nun vor der Versammlung, um meinen Bericht vorzutragen, und musste mit großem Schrecken feststellen, dass ich plötzlich die Präsidentin nicht mehr sehen konnte. Sie hingegen sah mich sehr wohl und fragte mich mehrmals, ob mir irgendetwas fehle. Ich verneinte und bemühte mich tapfer, meine Augen zu öffnen, wann immer es mir gelang, und hielt sie geschlossen, wann immer mir das nicht gelang.

Irgendwann stellte ich fest, dass es gar nicht so schlimm war, wenn die Lider beider Augen zusammenklebten. Schlimmer war es nämlich, wenn es nur bei einem Auge geschah. Als ich mich beim anschließenden Kaffeetrinken mit meinem Sitznachbarn unterhielt, merkte ich, dass ich ihm ständig – wenn auch in keiner Weise beabsichtigt – zublinzelte. Kaum war es mir nämlich gelungen, ein Auge zu öffnen – schwupp –, war schon das andere zu. Versuchen Sie das einmal dem Direktor der Highschool Ihrer Tochter zu erklären. »Nein, ich bin nicht in Sie verliebt; meine Augen kleben nur ständig zu«, und dann beeilen Sie sich, sie beide gleichzeitig zu öffnen, bevor er Ihretwegen noch seine Frau verlässt.

An diesem Abend gewann ich zwar viele neue Freunde, aber ich entwickelte auch eine Kleberneurose, wie sie bei noch unerfahrenen Wimpernträgerinnen sehr verbreitet ist. Wenn ich zu viel Kleber benutzte, brauchte ich einen Blindenhund. Wenn ich zu wenig benutzte, lief ich ständig Gefahr, mein Aussehen zu ruinieren. Man kann falsche Wimpern nämlich auch verlieren. Und nicht nur eine, wie es bei den natürlichen Wimpern der Fall ist, wo man dann eine Hand über die Wimper legt und sich etwas wünscht. Nein. Falsche Wimpern fallen alle gleichzeitig ab. Und Sie können mir glauben, das passiert grundsätzlich im unpassendsten Moment.

Meine erste Erfahrung mit plötzlichem Wimpernverlust machte ich auf einer Dinnerparty. Ich hatte mich gerade von der Person zu meiner Rechten, die mich – so nahm ich jedenfalls an – derart interessiert angesehen hatte, weil ich eine brillante Gesprächspartnerin war, abgewandt, um einen Löffel Suppe zu essen. Als ich in die Suppentasse sah, schwamm dort, zusammen mit der Petersilie, mein rechter Wimpernkranz. Ich war schockiert. Was sollte ich jetzt tun? Ich konnte schließlich nicht die in Suppe eingeweichten Wimpern mitsamt dem Petersiliengrün einfach so in aller Öffentlichkeit ankleben. Andererseits konnte ich auch nicht so bleiben. Ich fischte sie so unauffällig wie möglich aus der Suppe, wickelte sie in eine Serviette ein und entschuldigte mich so schnell und elegant, wie das nur irgendwie möglich war.

In der Damentoilette musste ich dann feststellen, dass ich einen weiteren Anfängerfehler begangen hatte. Ich hatte keinen Kleber dabei. Selbst die aufmerksamste Gastgeberin, eine, die für ihre Gäste ein kleines Etui mit Papiernagelfeilen, Handcreme und

Deodorant bereitstellt, denkt in den seltensten Fällen an Wimpernkleber. Ich war also gezwungen, ohne falsche Wimpern und auch ohne einen nicht unerheblichen Teil meiner Selbstachtung an den Tisch zurückzukehren.

Als ich im Umgang mit den Wimpern erfahrener wurde, stellte ich fest, dass sie nicht nur dann abfielen, wenn ich zu wenig Kleber verwendet hatte. Auch Feuchtigkeit in jeder Form war dazu geeignet, ein teilweises Ablösen oder den vollständigen Verlust zu bewirken. Das Schlimmste, was einem folglich passieren kann, ist, in einen plötzlichen Regenguss zu geraten. Obwohl auf dem Töpfchen mit dem Kleber ausdrücklich steht, es handle sich hierbei um einen wasserfesten chirurgischen Klebstoff, musste ich die Erfahrung machen, dass sich die Wimpern lösten, sobald meine Augen mit Feuchtigkeit in Berührung kamen, sei es nun in der Form von Regentropfen oder in der Form von Tränen. Da jedoch der Klebstoff als »chirurgisch« bezeichnet wird und bei mir offensichtlich nicht funktioniert, überlegte ich mir ernsthaft, ob ich nicht einen Notfallausweis bei mir tragen sollte:

An alle, die es angeht:
Im Fall einer Operation lässt sich diese Patientin nicht mit Kleber zusammenflicken.

Der Witz an der Sache war jedoch, dass der Kleber, wenn man ihn entfernen *wollte*, um die Wimpern abends wegzupacken, hartnäckig hielt. Manchmal brauchte ich geschlagene fünfzehn oder zwanzig Minuten, um den ganzen Kleber vom Wimpernansatz zu entfernen, damit ich am Morgen wieder eine saubere Grundlage hatte. Mein Mann, dem mein neues Aussehen tatsächlich ganz gut gefiel (auch wenn er meine neuen Wimpern erst bemerkt hatte, nachdem ich so heftig damit geklimpert hatte, dass er sich unwillkürlich nach einem offenen Fenster umgesehen hatte), reagierte dann stets ein wenig gereizt. Wenn er mich um zwei oder drei Uhr nachts fragte: »Wann kommst du ins Bett?«, und ich ihm antwortete: »Sobald ich den Kleber entfernt habe«, begann er sich sichtlich nach den alten Zeiten zu sehnen, als ich noch nicht so »großartig« ausgesehen und er noch nicht so müde gewesen war.

Trotz der hohen Anfangsinvestition für meine Schönheit und trotz all der Anfangsschwierigkeiten waren meine Wimpern ein umwerfender Erfolg. Tatsächlich erregten meine »Oberen« ein solches Aufsehen, dass ich ernsthaft überlegte, auch noch in »Untere« zu investieren. Ich konnte jedoch nicht riskieren, noch heftiger mit den Wimpern zu klimpern, schließlich beklagte sich mein Mann ohnehin schon ständig über den Luftzug.

SPORTSGEIST

Sportlich zu sein ist nicht besonders schwer. Viel schwieriger ist es, ruhig sitzen zu bleiben, während alle anderen um einen herum aufspringen, um acht Sätze Tennis zu spielen oder mit ihren Skiern den Mount Olympus hinunterzufahren. Als wir Ende der fünfziger Jahre in die Vorstadt zogen, musste ich feststellen, dass meine Fertigkeit im Seilspringen, die ich auf den Bürgersteigen von New York erworben hatte, bei unseren neuen Freunden und Nachbarn, die anscheinend alle schon Tennis oder Golf spielten, bevor sie noch richtig laufen konnten, so gut wie nichts galt. Diese Leute stellten von Anfang an eines unmissverständlich klar: Es reichte nicht aus, nur schön und sexy zu sein und ein eigenes Geschäft zu führen, man musste auch auf den Wasserskiern eine gute Figur abgeben.

In unserer kleinen Gemeinde war die Sportbegeisterung so groß, dass mir eines sofort bewusst wurde: Ich musste die Wahrheit verschweigen. Hätte man mich zu einem Tennismatch aufgefordert und ich hätte vollkommen ehrlich geantwortet: »Ich spiele kein Tennis« oder »Tut mir leid, ich kann nicht Ski fahren«, wenn unsere Freunde mich zu einem Skiwochenende eingeladen hätten, ich wäre bei ihnen völlig unten durch gewesen. Also musste ich sie *glauben* lassen, dass ich eine wahre Sportskanone war – und zwar in einer Sportart, die sie selbst nicht ausübten. Ich musste folglich die Tennisspieler überzeugen, dass ich unter Par schlug, und die Golfspieler in dem Glauben lassen, dass ich gerade für Wimbledon trainierte.

Ein entscheidender Aspekt meines Plans war dabei, mich stets passend zu meiner Rolle, oder genauer gesagt zu meinen Rollen, einzukleiden. Ich hätte allerdings durchaus etwas mehr Hilfe von meinem Mann gebrauchen können, dessen Lieblingssport das Gärtnern war. Hinzu kam, dass er immer wieder laut und in aller Öffentlichkeit verkündete, jeder, der um halb sechs Uhr morgens aufstehe, nur um einen Ball abzuschlagen, hätte seiner Meinung nach »einen Vogel«. So viel dazu, Freunde zu finden. Damit wir dennoch sozusagen am Ball blieben, waren also meinerseits einige Balanceakte – und eine umfangreiche Garderobe – unerlässlich.

Zu jener Zeit war auf dem Tennisplatz noch strikt weiße Kleidung vorgeschrieben. Ich hatte kein Problem damit, mir einen entzückenden kleinen Einteiler zu kaufen und ihn auch anzuziehen. Als ich meinem Mann jedoch die weißen Tennissachen präsentierte, die ich für ihn gekauft hatte, sah er mich an, als hätte ich zu lange in der Sonne gesessen (was in meinem Fall jedoch so gut wie ausgeschlossen ist).

»Wie soll ich denn in diesen Sachen im Garten arbeiten?«, fragte er mich, während er sie hin und her wendete und nach irgendwelchen Flecken suchte.

»Das sollst du auch nicht«, erwiderte ich und strich meinen eigenen schneeweißen Rock glatt. »Wir werden zum Tennisplatz hinübergehen und unseren Kindern beim Tennisspielen zusehen (ich hatte bereits dafür Sorge getragen, dass ihnen die gesellschaftlich völlig inakzeptable Situation erspart blieb, in der wir, ihre Eltern, uns befanden).

»Und warum muss ich dabei wie eine verdammte Taube aussehen?«, fragte er mich mit unüberhörbarem Widerwillen in der Stimme.

»Jetzt mach schon, Schatz, beeil dich«, gab ich zur Antwort. »Wir kommen sonst noch zu spät.«

Glücklicherweise entfaltete unsere Kleidung die erhoffte Wirkung. Ein Ehepaar, das neben uns auf der Tribüne saß und das uns noch gestern behandelt hätte, als wären wir gar nicht da, nahm uns jetzt plötzlich wahr. Wir diskutierten darüber, wie gut oder schlecht der Aufschlag war oder wie man den Ball besser hätte spielen sollen. Es waren *unsere* Schultern, die man jetzt anstupste. »He, haben Sie diesen Return gesehen?« Oder: »Was ist denn heute nur mit diesem Jungen los?«

Als ich beim Tennis erst einmal sicheren Boden unter den Füßen hatte, wagte ich mich ans Skifahren heran. Dieser Sport an sich ließ mich zwar absolut kalt, aber ich liebte die Atmosphäre, die dort herrschte. Ich genoss es, in einer gemütlich eingerichteten Skihütte vor einem großen, offenen Kamin zu sitzen, meine Après-Ski-Schuhe auf einen gepolsterten Hocker zu legen, Fondue zu essen und mich einer angeregten Unterhaltung zu widmen. Nun, *ich* war es, die sich angeregt unterhielt. Die Person, mit der ich sprach, nickte manchmal mitten im Satz ein. Ich nahm das nicht persönlich, denn im Gegensatz zu mir hatte mein Gegenüber an diesem Tag acht Stunden auf den Brettern zugebracht.

Wenn unsere Kinder (die ohne jeden Zweifel eine bessere Kindheit genossen, als *ich* sie je gehabt hatte) die Hänge unsicher machten, war ich einfach nur eine Skifahrerin (haben Sie mein Augenzwinkern bemerkt?) unter vielen anderen, die gerade eine Tasse heiße Schokolade trank, um warm zu bleiben, und Doughnuts futterte, um sich zu stärken. Ich war gekleidet wie all die anderen Skifahrerinnen, und wer mich in meiner tollen Daunenjacke, der engen Hose und der flotten Mütze sah, nahm vermutlich an, dass ich gerade vom Hang für Fortgeschrittene kam, wo ich mich zwei Stunden lang völlig verausgabt hatte. Kein Mensch wäre wohl auf die Idee gekommen, dass ich gerade versuchte, meine kalten Füße aufzuwärmen, weil ich mir am Sessellift die Beine in den Bauch gestanden hatte, bis meine Kinder endlich eingestiegen waren.

Die Herausforderungen waren zahlreich, aber ich meisterte sie allesamt mit Bravour. Einen Tag habe ich dabei noch heute in lebhafter Erinnerung. Ich hatte mich zu einer Gruppe von Wasserskifahrern gesellt, die alle voller Ungeduld darauf warteten, dass sie endlich an die Reihe kamen. Ich hatte einen meiner schönsten Badeanzüge angezogen und meine Haare zurückgebunden, damit sie nicht im Fahrtwind flatterten. Natürlich hatte ich nicht die Absicht, mir irgendwelchen Fahrtwind um die Nase wehen zu lassen, doch ich erweckte zumindest den Eindruck, zu allem bereit zu sein. Es wurden Lose gezogen. Ich bekam die Nummer drei. Wäre ich weniger erfahren darin gewesen, jedweder sportlichen Betätigung aus dem Weg zu gehen, wäre ich in diesem Moment entsetzt zusammengezuckt und hätte gerufen: »Wasserski? Ich? Das soll wohl ein Witz sein«, woraufhin man mich mit Schimpf und Schande zum Kinderbecken geschickt hätte. Stattdessen bot ich jedoch großzügig an, als »Aufpasser« auf dem Boot mitzufahren. Ich wusste, dass das Boot stets mit zwei Personen besetzt sein muss: dem Fahrer und dem sogenannten »Aufpasser«. Und hier war ich, eine wirklich begeisterte Wasserskifahrerin, und ich brachte das größte aller Opfer – ich verzichtete, um auf die anderen »aufzupassen«. War das nicht unglaublich nobel von mir? Sie trugen mich praktisch auf ihren Schultern zum Boot.

Wie ich meinen Freunden später erzählte, war das einzig Ärgerliche, dass ich keine Gelegenheit gehabt hatte, den Wassersalut zu üben. Nun, vielleicht beim nächsten Mal. Aber nicht, wenn ich es verhindern konnte. Die jeweils passende Kleidung herauszusuchen war für mich Sport genug. Dann, eines Tages, kam es jedoch, wie es kommen musste. Meine Strategie blieb ohne Erfolg, und meine letzte Rettung war daher, eine Sportverletzung vorzuschieben. Da ich ein wenig abergläubisch bin, zögerte ich zuerst noch, doch ich befand mich damals in einer wirklich verzweifelten Lage. Ein paar Freunde, die der festen Meinung waren, Babe Zaharias hätte mich trainiert (ich kann mir gar nicht vorstellen, wie sie auf diese Idee gekommen waren), hatten mich für das örtliche Golfturnier der Damen angemeldet. Als ich meinen Namen auf der Liste sah, wäre ich fast in Ohnmacht gefallen. Um aus dieser Sache wieder herauszukommen, war mehr als nur ein Paar schicker Golfschuhe nötig. Was also sollte ich ihnen sagen? Nun, ich bin wirklich nicht stolz auf das, was ich getan habe, aber es war einfach unumgänglich.

Während ich also in die strahlenden Gesichter ringsum blickte, holte ich mehrmals betrübt Luft und sagte mit tränenerstickter Stimme: »Ihr wisst alle, wie gern ich an diesem Turnier teilnehmen würde. Aber mein Doktor hat es mir streng verboten. Kein Sport, solange ich noch diesen verdammten Tennis-Ellbogen habe.«

Sie haben es vielleicht schon erraten. Mein Ellbogen ist bis heute nicht ausgeheilt. Wenn mich jetzt also jemand fragt, ob ich Golf oder Tennis spiele oder Ski fahre, seufze ich wehmütig, zeige auf meinen Arm und verkünde mit der traurigen Miene eines Menschen, der ganz genau weiß, was es bedeutet, auf etwas verzichten zu müssen, was man so sehr geliebt hat: »Nein, nicht mehr.«

MIT EINEM »K« UND EINEM »I« UND EINEM »C,K,A –«

Gestern sind mir zufällig einige alte Briefe in die Hände gefallen. Darunter befand sich auch die Korrespondenz zwischen den Betreibern des Ferienlagers, das meine Kinder jedes Jahr besuchten, und mir. Die Namen der Kinder habe ich zu meinem Schutz geändert.

5. Januar

Liebe *Mrs Ward*,
Coco und ich freuen uns sehr, dass Sie *Jeffrey* wieder zu uns ins Camp Kickapee schicken wollen. Für dieses Jahr haben wir unser Angebot erheblich erweitert. Zum ersten Mal können wir jetzt Reiten, Bogenschießen, Golf und Skeetschießen anbieten. Damit *Jeffrey* in den Genuss all dieser Sportarten kommt, beachten Sie bitte die folgenden Ergänzungen unserer Liste (vgl. Anhang Blatt vier): Reithose, Reitstiefel, Reitkappe, Gerte, Schützenhandschuh, Golfschläger in leichter

Golftasche, Golfschuhe, Bogen und Pfeile. Falls ein Koffer dafür nicht ausreichen sollte, achten Sie bitte darauf, jedes weitere Gepäckstück an mindestens zwei Stellen deutlich zu kennzeichnen. Wir möchten Sie außerdem bitten, dafür Sorge zu tragen, dass Ihr Kind nur eine kleine Tasche mit in den Bus nimmt.

Über den Besuchstag, die Abfahrtszeiten der Busse und die allgemeinen Regeln und Vorschriften werden wir Sie rechtzeitig informieren.

Nochmals vielen Dank, dass Sie *Jeffrey* wieder in unsere Obhut geben.

Mit herzlichen Grüßen
Coco und Studs Hogarth

Lieber Studs,
Jeffrey hat mich gebeten, Sie in Bezug auf die Jungen, mit denen er diesen Sommer das Zelt teilen wird, anzuschreiben. Es ist mir überaus unangenehm, mich negativ über andere zu äußern, aber ich bin der festen Überzeugung, dass mein Sohn sehr unglücklich wäre, wenn er sich wieder mit Killer Hanes ein Zelt teilen müsste. Anscheinend wurde letztes Jahr Zelt neun nur deswegen nicht zum Ehrenzelt gewählt, weil der Hanes-Junge nicht dazu gebracht werden konnte, seine Hamster und Schlangen in ihren Käfigen zu lassen.

Jedes Mal, wenn die zuständige Betreuerin auf einen Hamster trat, bedeutete dies einen Tadel. Der Mangel an Teamgeist war erschreckend. Aus diesem Grund wären wir Ihnen sehr verbunden, wenn Sie Killer in einem anderen Zelt unterbringen würden. Jeff würde jedoch, wenn dies möglich ist, das Zelt gern wieder mit Red Oppenheim, Bats Siegel und Dutch Barnum teilen.

Vielen Dank im Voraus für Ihr Entgegenkommen

Mit freundlichen Grüßen
Lyla Ward

1. Mai

Liebe Eltern!
Kaum zu glauben, aber schon bald ist es wieder so weit. Das Ferienlager steht vor der Tür. In diesem Brief finden Sie die jeweiligen Abfahrtszeiten sowie die jeweiligen Abfahrtsorte. Darüber hinaus erlauben wir uns noch einmal den Hinweis auf ein paar einfache Regeln, die unserer Meinung nach für das Wohlergehen unserer Ferienkinder unerlässlich sind. Bitte lesen und beachten Sie die Regeln, die für unser Ferienlager gelten, und bringen Sie diese Ihrem Kind nahe. Auf diese Weise stellen Sie sicher, dass es einen angenehmen Aufenthalt in unserem Ferienlager hat.

Abfahrt: Der Bus fährt am 1. Juli um 7 Uhr am White-Horse-Busbahnhof ab. Bitte stellen Sie sicher, dass Ihr Sohn bereits eine halbe Stunde vor der Abfahrt am Bahnhof ist, da die Fahrt neun Stunden dauern wird und wir rechtzeitig im Ferienlager ankommen wollen, damit die Jungen noch in den See springen können. Bitte nehmen Sie keine Hunde mit zum Busbahnhof. Aus Erfahrung wissen wir, dass viele Kinder bei dem Gedanken, ihr Haustier zurücklassen zu müssen, sehr emotional reagieren. Jüngere oder ältere Geschwister mitzunehmen ist hingegen unbedenklich.

Regeln: Bitte bewahren Sie diese Regeln so auf, dass Sie sie jederzeit zur Hand haben.
• Im Ferienlager sind weder Süßigkeiten, Kekse, Limonade noch Kaugummi erlaubt. Packen Sie deshalb Ihren Kindern bitte keine Knabbereien ein. Gefundene Süßigkeiten werden konfisziert. Zu unserer großen Enttäuschung mussten wir feststellen, dass in den vergangenen Jahren immer wieder Süßigkeiten in Schlafanzugtaschen, Turnschuhen, Mappen mit Schreibpapier etc. versteckt waren. Wir bitten Sie diesbezüglich dringend um Ihre Kooperation.
• Medikamente und Rezepte werden im Krankenzimmer aufbewahrt. Bitte stellen Sie sicher, dass jedes Behältnis gut sichtbar mit dem Namen des Kindes und der Einnahmemenge gekenn-

zeichnet ist. Sorgen Sie bitte auch dafür, dass
Brillen und Zahnspangen in gleicher Weise ge-
kennzeichnet sind.

Besuchstag: Eltern sind an unserem Besuchstag,
Samstag, den 28. Juli um 10 Uhr, herzlich willkommen. Bitte verzichten Sie jedoch darauf,
Ihrem Kind Geschenke mitzubringen. Auch kleine
Aufmerksamkeiten für die Betreuer sind nicht er-
wünscht. Denken Sie immer daran: Mit dem Aufenthalt in unserem Ferienlager machen Sie Ihrem
Kind bereits ein großes Geschenk, so dass es keine
weitere Belohnung erwartet. Die Besuchszeit
endet am Samstag um 16 Uhr. Bitte verlassen Sie
das Ferienlager unverzüglich nach dem Schluss-
pfiff. Lange Verabschiedungen sind selbst für die
fröhlichsten Kinder schwer zu verkraften.
Telefon: Bitte rufen Sie nur im absoluten Notfall
an. Aus Erfahrung wissen wir, dass ein Anruf von
Zuhause häufig Heimweh auslöst. Wir werden
Ihre Söhne jedoch anhalten, Ihnen dreimal pro
Woche zu schreiben.

Wir hoffen auf Ihre Mitwirkung und freuen
uns auf einen tollen gemeinsamen Sommer in
Kickapee.

Mit herzlichen Grüßen
Coco und Studs Hogarth

9. Juli

Liebe Mama und lieber Papa,
wie geht es Euch? Mir geht es gut. Dieses Jahr ist
es hier einfach nur furchtbar. Wisst Ihr, was sie
gemacht haben? Sie haben Killer Hanes in ein
anderes Zelt gesteckt. Jetzt haben sie in Zelt vierzehn die tollen Hamster und Schlangen. Bats
Siegel ist im letzten Jahr richtig gemein geworden.
Ich wünschte, er würde nach Hause fahren.
Dutch Barnums Mutter hatte Hershey-Riegel in
seinem Fängerhandschuh versteckt. Sie sind alle
geschmolzen, und jetzt ist der Handschuh innen
so glitschig, dass er ihm immer von der Hand
rutscht. Ich hoffe, dass Ihr nicht wegfahrt.
Vielleicht komme ich nämlich nach Hause.
Bitte schickt mir ein paar Kaugummis. Ihr könnt
sie in den Comics verstecken. Die werden nie
kontrolliert. Ich muss jetzt los. Ich schreibe später
weiter.

Bis dann.

Ich habe Euch lieb!
Jeff

NUR ZU DEKORATIONS-
ZWECKEN

Ich will ja nicht prahlen, aber ich habe schon Blumenarrangements kreiert, als Martha Stewart noch in den Windeln lag. Damals ging der Trend der Tischdekoration zu Arrangements im japanischen Stil: eine einzelne Blume auf einem flachen Teller. Ich persönlich bevorzugte jedoch stets eine üppigere Verzierung: dramatische Farben, kreative Gefäße, ungewöhnliche Kombinationen von allem, was da wächst und gedeiht – Mangos mit Rüben; Silberkerzenstrauch mit Affodil; Sauerklee mit Sellerie und Oliven. Bewegung, Fluss, Aufregung. Eines war mir schon damals bewusst: Wenn die Tischdekoration unwiderstehlich ist, dann kann man das Essen getrost vergessen – was meine Gäste dann auch meistens sehr schnell taten. Wer würde sich schon wegen ein paar Knochen im angeblich knochenfreien Hühnerbrustfilet aufregen, wenn aus den Kakis, die in einem antiken Schmortopf liegen, Weizen herauszuwachsen scheint?

Originalität war und ist der Schlüssel zum Erfolg.

Ich habe andere nie dazu ermutigt, meine Kreationen nachzuahmen. Ich wünschte mir jedoch oft, dass jeder mit derselben Unbekümmertheit ans Werk ging wie ich, jedenfalls wenn es die Verwendung von Blumen betraf. Einmal füllte ich den Lieblingsbierkrug meines Mannes mit Bier und ließ ein paar Rosen darin schwimmen. Auf diese Weise waren unsere beiden Leidenschaften aufs Vortrefflichste miteinander vereint. Als mein Mann mir ein andermal ein Dutzend Rosen zu unserem Hochzeitstag schicken ließ, stellte ich sie nicht, wie damals üblich, in eine hohe Vase mit Wasser und Aspirin. Schließlich waren die Blumen ja nicht krank. Stattdessen nahm ich alle zwölf, schnitt die Köpfe ab und verstreute sie im Haus. Als mein Mann dann nach Hause kam, ging er sozusagen auf den Blütenblättern seiner Liebe. Sie können sich vorstellen, wie begeistert er war.

Was ich zu vermitteln versuche und was ich den jungen Hausfrauen von heute gern sagen möchte, ist: Lasst euren Ideen freien Lauf und geht aus euch heraus. Apropos, wenn Sie die Stängel abgeschnitten haben, können Sie die Rosen, anstatt sie zu streuen, auch zu einem Kranz für Ihre Haare winden. Welcher Ehemann (oder Zimmergenosse) könnte seiner eigenen kleinen Rosenkönigin widerstehen? Übrigens sollten Sie die Stiele nicht einfach wegwerfen. Getrocknete Rosenstiele sind ein guter Ersatz für Weizen oder Maishülsen, wenn Sie etwas für Ihren Silberkerzenstrauch brauchen.

In einer Sache sind Martha und ich übrigens absolut einer Meinung, und das ist die Bedeutung des Gefäßes. Wenn Sie eines besitzen, an dem Sie hängen, dann verwenden Sie es besser, um Pennies darin zu sammeln oder Vorhanghaken aufzubewahren, aber stellen Sie niemals Blumen hinein. Ms Stewart verwendet häufig kleine Gläser in verschiedenen Höhen, die sie mit übergroßen Blüten schmückt. Ich schlage Ihnen etwas anderes vor. Machen Sie in den letzten ein, zwei Stunden, bevor Ihre Gäste eintreffen, einen kleinen Rundgang durch alle Zimmer Ihres Hauses. Versuchen Sie die Dinge dort mit ganz neuen Augen zu sehen. Zum Beispiel die Konfektschale: Sahnebonbons raus, Anemonen rein. Oder die Zuckerdose: Süßstofftabletten raus, Kaktus rein. Tauschen Sie die Dinge. Verwenden Sie den Papierkorb als Vase für Gladiolen und Löwenmäulchen, die Baccaratvase als Behälter für den Papierabfall. Sehen Sie sich ganz besonders in der Küche um. Dort werden Sie einen wahren Schatz an großartigen Gefäßen finden: Tassen samt Untertassen, Mixbecher, Kasserollen, Schöpflöffel, Pfannen, Salzstreuer, ad infinitum. Wenn es keine Rolle spielt, ob das Gefäß wasserdicht ist, das heißt, wenn Sie es mit getrockneten Objekten oder mit Obst dekorieren wollen, können Sie Ihrer Phantasie freien Lauf lassen. Siebe, Nähkörbe, Schmuckkästchen, Blechbüchsen, Mörser, das alles können Sie verwenden. Scheuen Sie sich nicht, etwas von Ihren Kindern auszuborgen. Sie haben ihnen schließlich nicht versprochen, dass sie ihre Malkreide für immer und ewig in ebendieser Keksdose aufbewahren dürfen. Das Einzige, was zählt, sind Ihr Mut und Ihre Originalität. Wenn das Gefäß Ihrer Wahl aussieht, als wäre es für Blumen gemacht worden, dann können Sie sicher sein, dass Sie das falsche gewählt haben.

Das Gleiche gilt, wenn Sie nur Blumen verwenden, die Sie fein säuberlich in einen Blumenigel stecken. Auch dann sind Sie auf dem falschen Weg. Eine gefällige Tischdekoration kann jeder haben, dazu ist nicht viel Talent nötig. Was Sie brauchen, ist ein Knaller, etwas wie das Arrangement, das ich für eine der gelungensten Dinnerpartys kreierte, die ich je gegeben habe. Zufällig blühten gerade draußen in meinem Garten einige wirklich schöne Zinnien und mehltauresistente Astern. Ich hätte sie einfach in eine Schale mit Frischblumensteckmasse stecken und die Masse dann mit ein paar Kieselsteinen bedecken können. Ich entschied mich jedoch anders. Wollen Sie wissen, was ich stattdessen gemacht habe? Ich habe das Ganze einfach umgedreht. Ich schnitt die Zinnien und die Astern klein und legte damit den Boden einer mit Leopardenmuster bedruckten Wäscheschachtel aus. Dann nahm ich die Steckmasse und formte daraus den Kopf einer Sphinx (Sie können natürlich formen, was Sie wollen; mir gelingen zufälligerweise Sphinxen ganz gut). Schließlich dekorierte ich das Ganze nicht nur mit kleinen bunten Kieseln, sondern mit einfachen Steinen von draußen, die ich jedoch kunstvoll auf den zerschnittenen Astern platzierte. Ein spürbares Gefühl der Stärke durchdrang das Arrangement, und als schließlich noch irgendjemand der Sphinx ein Karottenstäbchen in den Mund steckte, breitete sich ein fröhliches Gelächter um den Tisch herum aus. Ich weiß nicht, wann meine Gäste je so gut gelaunt waren. Allen fielen lustige Dinge ein wie »Die Dinner-Sphinx« oder »Das nenne ich ein Wüstengelage«. Die Stimmung war absolut gelöst und ausgelassen. Ohne jede Frage: Dieses Dinner würde nur schwer zu übertreffen sein.

In aller Regel werden Sie in Ihrem Haus irgendetwas finden, das Sie für eine wirkungsvolle Tischdekoration verwenden können. Für den Fall, dass Sie einmal nichts Frisches im Haus haben, sollten Sie sich eine Art Trockenvorrat zulegen. Man kann das Benötigte jederzeit im Geschäft kaufen, es ist jedoch bei weitem nicht so teuer, wenn Sie die Dinge, die Sie für ein Arrangement verwenden wollen, selbst trocknen. Zu diesem Zweck sollten Sie einen sonnigen Platz in Ihrem Haus für sich reservieren, vorzugsweise natürlich dort, wo es niemanden stört, wenn etwas von der Decke herunterbaumelt. Türrahmen und Duschkabinen scheiden somit von vornherein aus. Jetzt nehmen Sie eine Schnur und spannen sie, so wie eine Wäscheleine, von einer Wand zur anderen. An diese Schnur können Sie nun Ihre abgeschnittenen Rosenstiele, Ansteckbuketts, Maishülsen, Päckchen mit Kürbiskernen und so weiter hängen. Noch eine Warnung zum Schluss: Es ist in keinem Fall empfehlenswert, Obst selbst zu trocknen. Da getrocknete Pflaumen ziemlich teuer sind, hatte ich einmal zwei Wochen lang Pflaumen an meiner Leine hängen. Anstatt jedoch ordentlich zu schrumpfen, so wie sie das offensichtlich bei den Kaliforniern tun, platzten sie bei mir einfach nur auf, und das Fruchtfleisch fiel heraus. Da stand ich nun vor einer Leine mit schrumpeligen Häuten.

Von Zeit zu Zeit mag Ihr Improvisationstalent gefragt sein, zum Beispiel, wenn Sie oder Ihr Gatte spontan ein paar Arbeitskollegen zum Abendessen zu sich nach Hause eingeladen haben. Die Blumen, die Sie erst gestern an die Leine gehängt haben, sind natürlich noch nicht getrocknet. Die Rosenblätter von letzter Woche sind fatalerweise im Staubsauger verschwunden. Wie dekorieren Sie also jetzt Ihren Tisch? Nehmen Sie doch einfach das Erstbeste, was Ihnen in die Finger fällt; in meinem Fall war es einmal eine Teeurne aus dem sechzehnten Jahrhundert, Ming-Dynastie. So kurzfristig haben Sie natürlich auch keine frischen Blumen zur Hand. Denken Sie in diesem Fall an die Pflanzen, die sich in jedem Haushalt finden. Was könnte schon aparter wirken als zarte Sellerieblätter oder frischer als saftige Brunnenkresse? (Zum Fleisch können Sie auch Kartoffeln reichen.) Wenn Sie gerade einmal nicht genügend Obst für eine verschwenderische Dekoration zur Verfügung haben, schneiden Sie jedes Stück in zwei Hälften und legen Sie es dann mit der Schnittfläche nach unten auf eine passende Unterlage. Orangen können Sie auch in Spalten teilen, um Sonnenstrahlen anzudeuten. Sie sehen, es gibt unzählige Möglichkeiten der Improvisation. Entscheidend ist nur, dass Sie den Mut finden, einfach mit dem zu arbeiten, was Sie zur Verfügung haben, dann funktioniert das Ganze auch.

Wenn sie erst einmal ein ausgefallenes Gefäß gefunden und dafür Materialien ausgewählt haben, die andere Leute schon längst in den Müll geworfen hätten, besteht Ihre nächste Aufgabe darin, all das auf eine möglichst originelle Art und Weise miteinander zu verbinden. Nach meiner Erfahrung erzielen Sie dabei die beste Wirkung, wenn Sie auf alles Symmetrische verzichten. Nichts ist langweiliger als ein Arrangement, das von allen Seiten aus gleich aussieht. Sicher wird es immer wieder Gäste geben, die ein wenig irritiert reagieren, wenn man sie so platziert, dass sie ein Arrangement nur von hinten zu sehen bekommen, aber die Kunst macht nun einmal keine Kompromisse. Angenommen, Sie nehmen eine wunderschöne große Aubergine und legen sie auf eine Seite ihrer Lowestoft-Fleischplatte. Bedeutet das, dass Sie auf die andere Seite auch eine große Aubergine legen müssen? Sicher nicht. Nehmen Sie eine Zucchini, einen Bund Radieschen oder ein paar grüne Bohnen und legen Sie *diese* ans andere Ende. Wenn es möglich ist, lassen Sie in der Zwischenzeit ein quadratisches Stück Styropor einweichen; dann können

Sie in letzter Minute noch alles hineinstecken, was gerade auf Ihrer Leine zum Trocknen hängt: Chrysanthemen, Gladiolen, Gipskraut. Ein Stängel hier, ein Stängel dort, vollkommen willkürlich verteilt, und schon haben Sie eine phantastische Tischdekoration.

Ich glaube, hiermit ist bewiesen, wie einfach eine effektvolle Blumendekoration herzustellen ist. Das Wichtigste dabei, und das kann gar nicht oft genug betont werden, ist Originalität. Wenn Sie eine Dekoration bevorzugen, die nicht essbar ist, dann sind getrocknete Blumen und rohes Gemüse das Richtige für Sie. Wenn es Ihnen jedoch nichts ausmacht, dass von Ihrer Dekoration nur die kahlen Stängel eines Büschels Weintrauben zurückbleiben, dann greifen Sie hier ruhig zu. Wofür Sie sich auch immer entscheiden, seien Sie kreativ. Ihr Ziel muss es sein, dass Ihre Gäste, wenn sie Ihr Esszimmer betreten, stehen bleiben, große Augen machen und erstaunt rufen: »Du meine Güte, schaut nur, was da auf dem Tisch steht!« So, meine lieben Freunde, hört sich Erfolg an.

ÜBER

DIE

GEGEN

WART

Gerät Dein Leben mehr und mehr
in Konfusion, dann bitte drück
auf Option eins und kehre so
einfach zum Hauptmenü zurück.

PRIVATLEBEN

Inzwischen haben mir vier Banken, mein Investment-
fonds, Talbots, zwei Versicherungsgesellschaften, Visa,
American Express, Bloomingdale's, meine Hypothekengesellschaft, der Stromanbieter und auch Macy's
hoch und heilig versprochen, dass ich mir wegen des
Datenschutzes keine Sorgen zu machen brauche.

So wie es das Gesetz vorsieht, haben mir diese und
auch andere Institutionen ein Schreiben geschickt, in
dem sie detailliert erklären, wie sie mit dem, was sie
»nichtöffentliche Informationen zu meiner Person«
nennen, umgehen. Demnach dürfen sie so gut wie
jeden anrufen, der in irgendeiner Art und Weise je
geschäftlich mit mir zu tun hat oder hatte. Zum Beispiel darf das Kaufhaus meine Bank anrufen, um in
Erfahrung zu bringen, ob ich dort auch wirklich ein
Konto habe. Die Hypothekengesellschaft darf sich bei
meinem Arbeitgeber erkundigen, ob ich dort auch
wirklich angestellt bin. Das Kreditbüro steht bereit,
um jedem, der es wissen will, Rede und Antwort zu

stehen, wie die Bank, das Kaufhaus oder die Hypothekengesellschaft meine Kreditfähigkeit beurteilt.

Aber selbstverständlich besteht für mich nicht der geringste Grund zur Sorge. Auf der nächsten Seite des Schreibens versichert man mir nämlich, dass meine persönlichen Daten sozusagen »im Tresor« lägen, da die Regierung unmissverständlich klargestellt habe, wie meine Privatsphäre zu schützen sei. Auch wenn all diese Firmen mehr über mich zu wissen scheinen als meine eigene Mutter – alle haben sie sich zur absoluten Geheimhaltung verpflichtet. Das Gesetz diesbezüglich ist klar und eindeutig. Sie dürfen meine privaten Daten nur innerhalb des jeweiligen Konzerns weitergeben, der allenfalls fünfhundert bis tausend Tochtergesellschaften umfasst. Darüber hinaus selbstverständlich an jede Firma, die für den Konzern Dienstleistungen erbringt, und schließlich auch noch an ein paar explizit genannte Ausnahmen wie Banken, Kreditmakler, Versicherungsagenten, Versicherungsgesellschaften, Hypothekenbanken, Wertpapiermakler, Einzelhändler, Direktvermarkter, Telefongesellschaften, Internetprovider, Fabrikanten, Dienstleister, Reisebüros, Kreuzfahrtlinien, Mietwagenagenturen, Hotels, Fluglinien, Verlage und gemeinnützige Organisationen.

Tatsächlich gibt es somit nur eine einzige Person, die aufgrund der strengen Gesetze keine Informationen über mich bekommt – und diese Person bin ich selbst.

Aber noch einmal: Selbstverständlich besteht überhaupt kein Grund zur Sorge. Zwar kann ich den Fluss an Informationen zwischen den Firmen, mit denen ich irgendwo und irgendwann einmal zu tun hatte, nicht unterbinden, falls ich jedoch etwas dagegen habe, dass all diese Informationen auch noch über das Radio veröffentlicht werden, kann ich gewisse Schritte unternehmen, um das zu verhindern. Alles, was ich tun muss, ist, jeder einzelnen Firma, ihren Tochtergesellschaften, Marketingberatern usw. schriftlich mitzuteilen, dass sie meine persönlichen Daten an niemanden herausgeben dürfen, der nicht durch das Gesetz autorisiert ist. Das alles sollte sich auf wenig mehr als tausend Schreiben beschränken. Da ich Rentnerin bin, kann ich dies ja im Lauf der nächsten Jahre ohne Weiteres erledigen.

Abgesehen von den Wagenladungen an Vereinbarungen zum Datenschutz, die in gedruckter Form ins Haus flattern, erscheint jedes Mal, wenn ich etwas im Internet bestelle, ein kleines Kästchen auf dem Bildschirm. Und raten Sie mal, was da steht? All die Internetfirmen, denen ich die Nummer meiner Kreditkarte, meine E-Mail-Adresse und in einigen Fällen sogar eine vollständige Liste meiner bisherigen Einkäufe mitgeteilt habe (sonst hätten sie mich nicht einmal in ihren »Ausstellungsraum« hineingelassen), werden meine privaten Daten mit derselben Sorgfalt behandeln wie all die Banken und all die anderen Konzerne und deren Tochterfirmen.

Ich bin rechtlich also völlig abgesichert. Dafür hat meine Regierung schon gesorgt. Warum nur werde ich dann dieses komische Gefühl nicht los, dass ich inzwischen vollkommen gläsern und durchschaubar bin? Mein Leben ist für jedermann ein offenes Buch, für das ich jedoch keinen Cent an Tantiemen sehe. Mehr noch: Jeder darf es lesen, und jeder darf es verkaufen. Aber niemand muss *mir* etwas dafür bezahlen.

DAS SAMMELN
IST DES KUNDEN LUST

Wissen Sie, was mir am Bonusmeilensystem der Fluggesellschaften am besten gefällt? Man braucht gar nicht zu fliegen, um Bonusmeilen zu bekommen. Man kann auch einfach nur einkaufen gehen, und das liegt mir wesentlich mehr.

Warum sollte ich 3000 Meilen weit fliegen und dabei fünf oder sechs Stunden in einem Flugzeug sitzen, um lumpige 1000 Bonusmeilen zu bekommen, wenn ich mir 10000 Bonusmeilen verdienen kann, indem ich einfach nur meinen Festnetzbetreiber wechsle? He, wenn ich danach noch telefonieren kann und die Meilen stimmen, dann ist es mir doch völlig egal, wem die Drähte gehören.

Die entsprechenden Angebote gibt es überall. Sie liegen meiner Visa-Rechnung bei; es wird in der Zeitung dafür geworben; sie kommen mit der Post: 5000 Meilen, wenn ich in *diesem* Geschäft einkaufe, 3000 Meilen, wenn ich an *jener* Tankstelle tanke. Vor kurzem hatte ich die Wahl zwischen einem Marriott in Cincinnati und einem Hilton in Cleveland. Das Marriott bot 5000 Bonusmeilen für eine Übernachtung, das Hilton keine einzige. Natürlich entschied ich mich für Cincinnati, das darüber hinaus auch nicht allzu weit von Cleveland entfernt ist, wo meine Tochter lebt.

Flexibilität ist dabei das oberste Gebot. Es ist wie beim Sammeln von Coupons. Marken- oder Firmentreue bringt hier nichts. Man muss dorthin gehen, wo die Meilen sind. Das ist auch der Grund, weshalb ich keinen Honda mehr fahre. Ich hatte mein kleines Auto wirklich gern. Und ich würde es auch heute noch fahren, wenn der Händler bereit gewesen wäre, mir wenigstens etwas entgegenzukommen, auch wenn es nur ein paar Tausend Bonusmeilen gewesen wären. Aber als ich ein anderweitiges Angebot über sage und schreibe 15000 Meilen bekam, nur dafür, dass ich diese Big Mama aus dem Ausstellungsraum fahre … wie hätte ich da noch nein sagen können? FÜNFZEHNTAUSEND MEILEN, wenn ich das Auto, das ich liebte, abgab! Die Entscheidung fiel mir leicht. Außerdem hatte das Ganze auch noch einen anderen Vorteil: An der Zapfsäule bekomme ich jetzt viele Bonusmeilen, weil ich so gut wie jeden Tag tanken muss.

Ich gebe zu, dass mir zwar die richtig großen Angebote lieber sind, aber ich nehme natürlich alles, was ich bekommen kann. Bonusmeilen dafür, dass ich ein bestimmtes Auto miete, bestimmte Produkte benutze, auf bestimmten Websites einkaufe, bestimmte Zeitschriften abonniere und in gewissen Restaurants esse. Das alles mache ich. Kein Wunder, dass ich auf meinem Konto inzwischen wesentlich mehr Meilen als Dollars habe. Selbst wenn ich also irgendwann die Miete nicht mehr bezahlen kann, werde ich doch in der Lage sein, jede Einladung zum Essen anzunehmen, auch wenn das Restaurant am anderen Ende der Welt liegen sollte.

Es gibt Menschen, die der Meinung sind, dass die Fluglinien, anstatt Vielfliegerboni zu vergeben, ihren Wettbewerb besser über Preis und Service austragen sollten – ich persönlich bin da ganz anderer Meinung. Zumindest im Moment noch. Ich habe nämlich jetzt fast die 200 000 Meilen zusammen, die ich für meine Reise in die Mongolei brauche. Sobald ich damit fertig bin, werde ich damit anfangen, für meinen Mann zu sammeln, so dass wir *dann* gemeinsam fliegen können.

GESTOHLENE ZEIT

Wer auch immer sich diese Telefonansagen mit Menüführung ausgedacht hat, ist ein Genie. Jedes Büro hat inzwischen eine solche Ansage. Selbst wenn ich meinen Arzt anrufen will, werde ich heutzutage aufgefordert, irgendwelche Ziffern zu drücken.

Nicht dass ich mich beklagen will. Ganz im Gegenteil. Es macht mir so großen Spaß, den verschiedenen Möglichkeiten, die sich mir so bieten, zu lauschen, dass ich beschlossen habe, eine eigene Ansage zu entwerfen. Sie oder wer auch sonst immer mich in Zukunft anrufen wird, wird Folgendes hören:

Vielen Dank, dass Sie bei Lyla und Russel Ward anrufen. Wenn Sie von einem Tonwahltelefon aus anrufen, drücken Sie die Eins. Wenn dies nicht der Fall ist, drücken Sie die Zwei. Wenn Sie die Durchwahl kennen, können Sie sie jederzeit wählen. Wenn Sie mit Lyla sprechen wollen, drücken Sie die Eins. Wenn Sie mit Russel sprechen wollen, drücken Sie die Zwei.

(Wir haben zwei Anschlüsse. Wenn einer davon pfeift und kreischt, haben Sie das Fax angewählt.)

Im Hintergrund wird Musik zu hören sein. Das bekannte »V'ho ingannato«, das Duett der Sterbeszene aus Rigoletto, das nicht länger als fünf oder sechs Minuten dauert. Dann werde ich Ihnen in freundlichem, persönlichem Ton für Ihre Geduld danken und Sie bitten, sich die folgenden Wahlmöglichkeiten aufmerksam anzuhören.

Wenn Sie der Fahrer sind, der sich mit der Auslieferung des Kühlschranks um drei Stunden verspätet, weil Sie sich verfahren haben, drücken Sie bitte die Eins. Wenn Sie der Besitzer des Wagens sind, an dessen Windschutzscheibe ich einen Zettel hinterlassen habe, drücken Sie bitte die Zwei. Wenn Sie anrufen, um sich zu erkundigen, warum ich den Zahnarzttermin versäumt habe, den ich vor sechs Monaten in Ihrer Praxis vereinbart habe, als ich meinen überaus vollen Kalender nicht zur Hand hatte, drücken Sie bitte die Drei. Wenn Sie ein Familienmitglied sind und gern mit Ihrer Mutter sprechen wollen, drücken Sie die Vier. Wenn Sie anrufen, um den Zahnarzttermin zu verlegen, drücken Sie die Fünf. Wenn Sie uns unschlagbar günstige Konditionen für die Umschuldung unseres Hauses, den Verkauf unseres Hauses, die Kaminreinigung, den Wechsel unseres Festnetzbetreibers oder die Ungezieferbekämpfung anbieten wollen, dann wählen Sie bitte die Null für die Vermittlung. (*Wir haben nämlich gar keine.*)

Sie sind der Fahrer und haben die Eins gedrückt. Wenn Sie aus nördlicher Richtung kommend über die Durchgangsstraße zu unserem Haus gelangen wollen, drücken Sie die Eins. Wenn Sie aus südlicher Richtung kommend über die Durchgangsstraße zu unserem Haus gelangen wollen, drücken Sie die Zwei. Wenn Sie aus östlicher Richtung kommend über die Allee zu unserem Haus gelangen wollen, drücken Sie die Drei. Wenn Sie aus westlicher Richtung kommend über die Allee zu unserem Haus gelangen wollen, drücken Sie bitte die Vier. Bei allen anderen Richtungen drücken Sie bitte die Fünf.

Sie sind der Besitzer des geparkten Fahrzeugs, das unsere Einfahrt blockiert, und haben die Zwei gedrückt. Nach dem Piepton hinterlassen Sie bitte Ihren Namen, Ihre Adresse, Ihre Telefonnummer, den Namen Ihrer Versicherung, Ihre Versicherungsnummer, Ihr Kennzeichen, Ihre Sozialversicherungsnummer, die Nummer Ihres Führerscheins und Ihr Geburtsdatum.

Sie rufen wegen eines verpassten Zahnarzttermins an und haben die Drei gedrückt. Der Hund hat meinen Terminkalender gefressen.

Sie sind meine Tochter und haben die Vier gedrückt. Hallo, Schätzchen, hier ist deine Mutter. Ich wollte dir nur sagen, dass ich dich auf Taste vier gelegt habe. Aber falls du vergessen hast, wo wir wohnen, folge doch einfach der Wegbeschreibung für den Ausfahrer. Nach dem Piepton kannst du außerdem noch eine Nachricht hinterlassen.

Sie rufen wegen eines neuen Zahnarzttermins an und haben die Fünf gedrückt. Ich werde mich so bald wie möglich bei Ihnen melden.

Zugegeben, das ist nur ein grober Entwurf. Aber ich denke, Sie verstehen, was ich Ihnen damit sagen will. Ich möchte, dass die Menschen, die *mich* anrufen, in den Genuss derselben Wahlmöglichkeiten kommen, die sie mir bieten. Und ich bin mir absolut sicher, dass jeder von ihnen genauso glücklich sein wird wie ich, zusätzlich zehn Minuten pro Anruf aufzuwenden. Jedenfalls, solange es sich lohnt, in der Leitung zu bleiben.

GRENZWERTIG

Wenn ich nicht gerade darüber nachdenke, wie wir uns auf einigermaßen würdevolle Art und Weise aus dem Irak zurückziehen könnten, oder darüber sinniere, wie man China dazu veranlassen könnte, größere Mengen unseres (noch immer in unserem Land hergestellten) fettarmen Rahmkäses zu kaufen, grüble ich über das Problem der illegalen Einwanderung nach. Bei allem gebührenden Respekt unseren ehrenwerten Gesetzgebern gegenüber, die sich für den 700 Meilen langen Zaun an der 2000 Meilen langen Grenze zu Mexiko, für Gastarbeiterprogramme und für eine Amnestie für illegale Einwanderer eingesetzt haben, so muss man sich doch fragen, wie groß die Wahrscheinlichkeit ist, dass diese Maßnahmen Wirkung zeigen. Meine diesbezüglichen Überlegungen lassen dabei nur einen Schluss zu: null, zero, ninguno. Warum also erlösen wir Lou Dobbs nicht aus seinem Elend, legen das Geld für den Zaun und die gestiegenen Kosten für die Border-Patrol-Uniformen zusammen und (111th United States Congress, aufgepasst!) *kaufen* Mexiko nicht einfach?

Ich weiß, ich weiß. Das ist bei Craigslist zwar nicht aufgeführt, aber es ist nun einmal so, dass alles seinen Preis hat. Außerdem stehen uns doch in unserem Land ein paar erstklassige Spezialisten für Fusionen und Übernahmen zur Verfügung. Im Übrigen ist es ja auch schon ziemlich lange her, dass wir einen Nachbarn gekauft haben. Zweihundertsechs Jahre, um genau zu sein. Und obwohl das Gerücht umgeht, dass nach Katrina einige Mitglieder dieser Regierung ernsthaft versucht hätten, Frankreich dazu zu bewegen, Louisiana zurückzunehmen, hat sich der Kauf im Großen und Ganzen doch als eine ziemlich gute Investition erwiesen.

Was den Preis angeht: Nun, ich denke, er wäre bei weitem nicht so hoch, wie Sie vielleicht glauben. Wir haben Louisiana (51843 Quadratmeilen) im Jahr 1803 für ungefähr 940000 Dollar gekauft. Das ergibt in etwa 18 Dollar pro Quadratmeile. Mexiko hat eine Fläche von 761606 Quadratmeilen. Der Gegenwert eines Dollars beträgt heute ungefähr 45-mal so viel wie 1803. Das bedeutet, dass wir das Land für ungefähr 616 Millionen Dollar erwerben könnten.

Ist das nicht geradezu ein Sonderangebot, wenn man überlegt, dass uns der Krieg im Irak ungefähr 177 Millionen Dollar pro Tag kostet und dass uns der Irak anschließend nicht einmal gehören wird. Dazu kommen die offensichtlichen Vorteile sowohl für die

Vereinigten Staaten als auch für die Mexikaner, wenn dieser Handel geschlossen und Mexiko der 51. Bundesstaat würde.

Die meisten der 12 bis 20 Millionen Mexikaner, die sich zurzeit illegal in den Vereinigten Staaten aufhalten, würden wahrscheinlich auf der Stelle nach Hause fahren wollen. Und das wäre für Greyhound zweifellos ein gutes Geschäft. Man bedenke nur: Bei 52 Plätzen pro Bus wären somit zwischen 230.769 bis 384.615 Fahrten erforderlich.

Die Mexikaner, die in den Vereinigten Staaten weniger als den Mindestlohn, natürlich ohne Sozialleistungen, verdient haben, bekämen im Bundesstaat Mexiko 5,14 Dollar pro Stunde zugesichert – falls sie einen Job finden. Ich sage ganz bewusst »falls«, denn von nun an wäre Mexiko, als Bundesstaat der Vereinigten Staaten, kein Billiglohnland mehr. Ihre alten Jobs würden nach China oder sonstwohin verlagert, und sie müssten das, so wie andere Amerikaner auch, wohl oder übel hinnehmen.

Als neue Bürger der USA hätten sie selbstverständlich auch ein Anrecht auf Arbeitslosenversicherung und Sozialhilfe, jedenfalls bis ihre Umschulung für den gemeinsamen Arbeitsmarkt abgeschlossen wäre. Und dieser würde ohne jeden Zweifel boomen, da jetzt alle Unternehmen ihre Zentrale, ohne in irgendeiner Weise unpatriotisch zu wirken, in ein nunmehr politisch korrektes Paradies verlegen könnten. Schwer vorzustellen, dass ein CEO Princeton in

New Jersey gegenüber Guadalajara in Mexiko den Vorzug geben würde.

Selbst wenn wir noch ein paar Nerzfelle und ein paar bernsteinfarbene Kornfelder in den Pot werfen müssten (nichts für ungut!), wäre es für uns noch immer ein gutes Geschäft. Illegale Ausländer kosten die Regierung mehr als 61 Milliarden Dollar im Jahr. Darüber hinaus dürften sich die Steuerausfälle auf geschätzte 311 Milliarden Dollar belaufen. Wenn Mexiko erst einmal zu den Vereinigten Staaten gehören würde, dann könnten, wie einige behaupten, allein seine Öl- und Gasvorräte bereits die Kosten für die Übernahme decken.

Präsident Calderón – der offensichtlich ebenso wie sein Vorgänger Vicente Fox sehr großen Wert darauf legt, Mexikaner zu exportieren – würde möglicherweise ein paar Einwände erheben, da er als Senator (vorausgesetzt, er würde überhaupt gewählt) nicht so viel Einfluss auf die Außenpolitik hätte, wie er jetzt als Mexikanischer Präsident besitzt. Aber er ist ein intelligenter Mann, und wenn er erst einmal sähe, welche Gesundheitsleistungen und welche Möglichkeiten für Auslandsreisen ihm winken, würde er sich die Gelegenheit, offiziell zur U.S.-Regierung zu gehören, mit Sicherheit nicht entgehen lassen.

Zusammenfassend lässt sich also sagen: Wenn jeder Bürger dieses Landes – wir sind schließlich eine Nation mit über 300 Millionen Einwohnern – 2,05 Dollar locker machen würde, dann könnten wir Mexiko käuflich erwerben und wir müssten dafür nicht einmal die Steuern erhöhen. Wir müssten auch unsere Nationalgardisten nicht aus dem Irak abziehen, um die Grenzen zu bewachen; das Problem mit dem Drogenschmuggel wäre gelöst, da wir dann einfach, sozusagen von Bruder zu Bruder, »Handel treiben« könnten, und wenn sich außerdem mehr Menschen in Acapulco zur Ruhe setzen könnten, ohne dabei ihre Krankenversicherung zu verlieren, wäre es weniger wahrscheinlich, dass Florida eines Tages durch die Invasion der Senioren ruiniert wird.

Wir haben die Wahl. Wir können uns weiterhin unsere am schlechtesten bezahlten Jobs von Ausländern wegnehmen lassen, oder wir können sie unserem eigenen Volk – unseren Neubürgern – zur Verfügung stellen. Schreiben Sie also noch heute an das für Ihren Wahlkreis zuständige Mitglied des Repräsentantenhauses. ¡Viva México! In den Vereinigten Staaten.

DAS GESCHÄFT
DES GESCHÄFTEMACHENS

Ich habe dem Big Business schon immer genauso ablehnend gegenübergestanden wie meine republikanischen Freunde dem Big Government. Aber da inzwischen immer mehr Gebäude, Theater und Sportstadien den Namen der Firmen tragen, von denen sie gesponsert werden, sehe ich mich gezwungen, meine Haltung nochmals zu überdenken. Wenn der Schriftzug »American Airlines« jetzt in großen Lettern über dem Eingang eines Theaters in New York prangt und die Show dort trotzdem weitergeht (*und* man bei einem Besuch vielleicht auch noch Vielfliegermeilen bekommt), was ist daran schon auszusetzen? Die Idee, unseren wie bekannt großzügigen Firmen zu gestatten, einen Teil der Kosten für unsere öffentlichen Gebäude und nationalen Monumente, ebenso wie für Wolkenkratzer und Kulturzentren zu übernehmen, klingt doch sehr vielversprechend. Wenn wir dort demnächst also Neonschilder mit Firmenlogos sehen, wäre das wirklich so schlimm? Würde es die Kongressbibliothek zu einer weniger großartigen Einrichtung machen, wenn sie in Zukunft die Barnes-and-Noble-Kongressbibliothek hieße? Es befänden sich dort noch immer dieselben Bücher. Außerdem könnte die Bibliothek ihre Homepage ein wenig aktueller gestalten, wenn sie ihr eine Liste von Bestsellern hinzufügen könnte.

Je länger ich darüber nachdenke, desto mehr Möglichkeiten sehe ich für eine profitable Partnerschaft zwischen Wirtschaft und Regierung. Allein dadurch, dass diese zugegebenermaßen subtile Art der Werbung legal wird, könnten wir Steuerzahler erheblich entlastet werden. Stellen Sie sich Folgendes vor:

Das Sherwin-Williams White House:
Wir streichen alle vier Jahre.
General Motors Interstate 95:
Bessere Straßen für bessere Autos.
Scotchgard's Smithsonian Institute:
Wir sind die Spezialisten für jede Art von Konservierung.
Smith Barney's Social Security:
Sie haben es sich verdient!
Energizer's U.S. Senate:
Läuft und läuft und läuft.
ILGWU's Lincoln Memorial:
Halten Sie nach dem Union Label Ausschau.
Jockey Underwear's House of Representatives:
Der beste Sitz im Haus.

Rolaid's Mount Rushmore:
Wie buchstabiert man Erleichterung?
Maxwell House Coffee's Grand Canyon.
Schmeckt bis zum letzten Tropfen.
General Electric's Department of Energy:
Wir erhellen Ihr Leben.
Volkswagen's Pentagon.
Klein, aber fein.
Taco Bell's Department of Immigration:
Auf zur Grenze.
Coca Cola's Supreme Court:
Gesetze, die erfrischen.
General Food's Jefferson Memorial:
Feiere die schönen Monumente in deinem Leben.

Das wäre doch gar nicht so schlecht! Und das Beste kommt zum Schluss: Sowohl Republikaner als auch Demokraten könnten den Sieg ihrer Prinzipien für sich in Anspruch nehmen. Unsere Steuergelder würden nicht mehr für die Ausschweifungen der Regierung verschwendet. Für diese würde jetzt die Wirtschaft aufkommen müssen. Und wenn das nicht so gut ist, dass man sich die Finger danach abschleckt, dann haben Sie offensichtlich noch nie ein echtes Kentucky Fried Chicken probiert.

SCHAU DICH SCHLAU

Ich war einmal Gast auf einer Dinnerparty, auf der sonst fast nur Anwälte anwesend waren. Ich selbst bin zwar keine Anwältin, aber als es darum ging, wie viele Male man »entlastend« und »unzulässig« in einem einzigen Satz unterbringen kann, war – wenn ich das in aller Bescheidenheit so sagen darf – niemand am Tisch an diesem Abend in der Lage, mir das Wasser zu reichen, auch wenn ich das Gefühl hatte, dass einige der Anwälte deshalb ein wenig beleidigt waren.

Da ich mich leidenschaftlich gern mit rechtlichen Dingen befasse, angefangen bei *Perry Mason* bis hin zu *Law and Order*, habe ich wahrscheinlich mehr Zeit in Gerichtssälen verbracht als viele Prozessanwälte. Deshalb weiß ich auch, dass jemand, der »voir dire« zu mir sagt, keinen Annäherungsversuch macht. Behaupten Sie jetzt also bloß nicht mehr, dass das Fernsehen die Menschen verblödet!

So bewandert wie ich in rechtlichen Dingen auch sein mag, so ist dies jedoch nicht mein einziger

Nebenberuf. Ich habe, angefangen bei *Dr. Kildare* bis hin zu *ER,* so viel über Medizin gelernt, dass ich jederzeit einen Herzinfarkt diagnostizieren kann, sollte einmal jemand vor meinen Augen zusammenbrechen. Auch wenn sich herausstellen sollte, dass dieser jemand keinen Puls mehr hat, hätte ich vermutlich kein Problem damit, seinen Brustkorb mit oder ohne einen Defibrillator zu bearbeiten. Es gibt keine Krankheit auf dieser Welt, deren Symptome ich nicht kenne und von der ich – dank dieser wunderbaren TV-Seminare – nicht jeden Dienstag und Donnerstag träumen würde.

Vergessen wir nicht die Forensik. Auch hier bin ich eine absolute Spezialistin. Ich kann selbst nicht mehr sagen, wie viele Stunden ich schon im Leichenschauhaus verbracht habe, angefangen bei *Dr. Quincy* über *Crossing Jordan* bis hin zu *CSI.* Und auch wenn ich vielleicht nicht in der Lage sein mag, eine Obduktion vorzunehmen, so haben mich diese Pathologen doch mehr als zwanzig Jahre lang über ihr Fachgebiet bestens auf dem Laufenden gehalten.

Mein erster Dozent der Forensik war dabei Quincy. In jenen ersten Folgen dieser Art war von der eigentlichen Autopsie gerade einmal eine kurze Sequenz zu sehen: Quincy setzt das Skalpell an, um seinen Studenten eine Schnitttechnik zu demonstrieren, und diese fallen einer nach dem anderen wie Dominosteine einfach um. Versager! Als die Folgen im Laufe der Jahre immer plastischer wurden, habe ich, eine

Tüte Popcorn auf dem Schoß, unerschrocken dagesessen und dabei zugesehen, wie ein begeisterter Gerichtsmediziner eine kraniale Kavität aufbricht, um die alles beweisende Schädigung des linken Frontallappens zu finden. Heute kann ich mit Stolz behaupten, dass ich, sobald der Pathologe mir eine Prellung und das sie umgebende geronnene Blut zeigt, sagen kann, ob der Angreifer Rechts- oder Linkshänder war, ob er Schuhe Größe 41 oder 42 trug (Weite D oder E), ob er 81 oder 82 Kilo wog, weiblich, männlich oder Transvestit war und ob er zum Frühstück französischen Toast gegessen hatte (was durch die mit Ei durchweichten Brotkrümel auf der Stirn des Opfers eindeutig belegt wird.) Ich bin mittlerweile auch ganz gut darin, Röntgenbilder zu lesen. Ein Blick auf die kleine, kaum sichtbare Linie neben dem kaum wahrnehmbaren Schatten in der Nähe des ventrikulären Cortex sagt mir, dass das Opfer im September vor zehn Jahren einen ähnlichen Schlag erhalten hat, der jedoch nichts mit dem Schlag zu tun hatte, welcher es um 22.55 Uhr an diesem schicksalhaften Abend ins Jenseits befördert hat.

Ist es da ein Wunder, dass ich das Fernsehen verteidige, auch wenn es von allen Seiten ständig kritisiert wird und für den Reichtum an Informationen, den es uns über die Jahre hinweg geliefert hat, nur selten Lob erfährt. Ich denke mit Grauen an die Zeit zurück, als ich noch nicht wusste, was »Eheprivileg« bedeutete oder was alles passieren kann, wenn man die Symptome eines PMS oder MSP oder irgendeines anderen Syndroms ignoriert.

Für mich sind Jura, Medizin und Forensik jedoch nur der Anfang. Ich freue mich schon auf das Programm im Herbst, wenn – so wird gemunkelt – eine wirklich vielversprechende neue Serie starten soll: *Jaw and Order*, ein ausführlicher Blick auf die Arbeit eines Zahnarztes für wahnsinnige Straftäter. Ich hoffe inständig, dass das nicht nur leeres Gerede ist.

SCHARFMACHEREI

Jetzt aber genug davon, wie viele Mexikaner sich illegal in diesem Land aufhalten und uns Amerikanern die schlecht bezahlten Jobs wegnehmen. Ich gebe Ihnen ja Recht, das ist ein wirklich ernstes Problem, dessen man sich allerdings schon vor der *letzten* Wahl hätte annehmen sollen. Für einige von uns ist das jedoch nicht die ganze Wahrheit und auch nicht die ganze Enchilada.

Was mein Blut viel mehr in Wallung bringt, das sind all die scharfen Gewürze, die jahrelang völlig unbehelligt über die Grenze gekommen sind. Chipotles, Habaneros, Manzanas, Poblanos. Ist es wirklich nur mein Gaumen, der gegen Jalapeños, die sich auf meinem Teller neben dem Schinken mit Ei tummeln, rebelliert? Was für ein Trauerspiel, wenn selbst das typisch amerikanische Lokal um die Ecke ganz unverfroren Frühstücksburritos anpreist und bei den Gewürzen auf dem Tisch plötzlich Salsa als die Nummer eins neben dem bisherigen Champion, nämlich dem

Ketchup, steht. Ist es da ein Wunder, dass wir Mild-Esser finden, der chilischarfe Wind der Veränderung würde uns allzu sehr ins Gesicht blasen?

Die traurige Wahrheit ist, dass im Laufe der vergangenen zehn oder fünfzehn Jahre eine wahre Flut von scharfen Gerichten die Küchen unserer ehemals milden Republik überschwemmt hat. Küchenchefs überall in der Stadt, in jeder Stadt, geben jetzt dem Koriander gegenüber seinem sanften Doppelgänger, der Petersilie, den Vorzug. Bevor Sie also das Grünzeug, das so verlockend um das Lendensteak drapiert ist, nicht gekostet haben, wissen Sie nie, ob Ihre Zunge gleich auf angenehme Weise von den milden, grünen Blättern, die Sie einst kannten und liebten, gekitzelt wird oder ob das Innere Ihres Mundes von der brennenden Realität eines pflanzlichen Feuers versengt wird.

Man braucht nicht einmal auf einen mexikanischen Markt zu gehen, um Kräuter wie Koriander kaufen zu können. In der Gemüseabteilung jedes Supermarktes in Amerika findet man ihn inzwischen Seite an Seite mit der italienischen Petersilie, nicht weit entfernt von diesen entzückenden kleinen grünen Tomaten, von denen Sie erwarten, dass sie sich, wenn sie nachreifen, in die aromatischen roten Kugeln verwandeln, die Sie für einen Thunfisch-Surprise verwenden wollen. Passen Sie auf! Es ist durchaus möglich, dass diese vermeintlich noch unreifen Liebesäpfel in Wirklichkeit Tomatillos sind, eine mexikanische Sorte, die beim

Reifen gelb wird und so sauer ist, dass es sogar den tapfersten Caballeros die Tränen in die Augen treibt.

Wenn sich diese kulinarischen Eindringlinge damit zufrieden gegeben hätten, nur Restaurants in Besitz zu nehmen, an deren Namen (El Tostado, Burritos R Us oder Cumin Inn) die dort lauernde Gefahr für den Gaumen deutlich zu erkennen ist, so wie das andere Einwanderer vor ihnen (z. B. Reno Cappuccino) getan haben, dann hätten wir sie einfach ignorieren können. Wir hätten uns sicher sein können, dass wir in *unserem* Restaurant noch immer gefahrlos in ein Stück Apfelkuchen beißen können. So wie die Dinge jetzt aber liegen, kann man nie wissen, ob sich nicht doch eine scharfe Tamale in eine ansonsten perfekte Mischung aus Vollkorn-Granola geschlichen hat.

Verstehen Sie mich um Gottes willen nicht falsch. Ich stehe bestimmt nicht allen lateinamerikanischen Dingen ablehnend gegenüber. Ich bin in unserem gesamten Freundes- und Bekanntenkreis für meine Vorliebe für Margaritas, mit oder ohne Salz am Rand, bekannt. Aber wenn ich in mein Restaurant um die Ecke gehe und »French Fries«, die amerikanischste aller amerikanischen Beilagen, bestelle, will ich verdammt noch mal sicher sein, dass ich keinen fremden kulinarischen Eindringling auf dem Teller finde.

WARTE NUR,
BALDE KASSIEREST DU AUCH!

Zeitungsnotiz: AT&T Wireless stellt einem neuerdings Anrufe, die länger als dreißig Sekunden – das sind ungefähr sechs Klingeltöne – lang unbeantwortet bleiben, in Rechnung. Nach dieser halben Minute zahlt der Anrufer für jeden weiteren Klingelton.

Was für eine tolle Idee: fürs Warten abzukassieren! Ich suche schon lange nach einer Möglichkeit, mein Einkommen aufzubessern, und je mehr ich überlege, habe ich das Gefühl, dass das der richtige Weg sein könnte. Es ist zur absoluten Unsitte geworden, dass die Geschäfte für jeden Service, sei er auch noch so unbedeutend, Gebühren verlangen. So erheben einige Hotels eine sogenannte »Bereitstellungsgebühr« für den Zugang zum Telefon, Internet oder Fax, egal, ob man diese Geräte nun nutzt oder nicht. Theaterbesucher, die vor der Kasse in der Kälte Schlange stehen, müssen dieselbe Vorverkaufsgebühr bezahlen, die sie entrichten würden, wenn sie gemütlich zu Hause sitzen und die Karten online oder per Telefon bestellen würden. Und diese Beispiele ließen sich problemlos weiterführen. Harte Zeiten erfordern harte Entscheidungen. Ich besitze nichts, das in irgendeiner Weise sehenswert wäre, folglich kann ich auch keine Eintrittskarten verkaufen. Und von meinen Gästen etwas dafür zu verlangen, dass sie mein Telefon benutzen dürfen, das wäre meiner Meinung nach nun wirklich geschmacklos, also habe ich beschlossen, mir ein Beispiel an dieser Telefongesellschaft zu nehmen. Von nun an wird jede Firma, mit der ich Geschäfte mache, akzeptieren müssen: Meine Zeit gehört Ihnen – aber sie kostet etwas.

Verizon: Beachten Sie bitte Folgendes. Letzte Woche hatte ich ein Problem mit meinem Telefon zu Hause. Als ich den Reparaturservice anrief, ließ man mich geschlagene vierzehn Danke-für-Ihre-Geduld-Minuten in der Warteschleife hängen. Während dieser Zeit, in der man mir im Übrigen einen Vortrag über die Dienste Ihrer Firma in der ganzen Welt hielt, konnte ich weder einen hereinkommenden Anruf entgegennehmen noch ein Fax empfangen (wir leben in der Steinzeit und haben deshalb nur einen Anschluss). Und da man ein schnurloses Telefon nicht einfach auf der Schulter ablegen kann, hatte ich meine Hände nicht frei. Sonst hätte ich Eiweiß für ein Soufflé geschlagen oder Seemannsknoten geknüpft. Gemäß meinem neuen Wartezeit-Kompensationssystem habe ich beschlossen, der Telefongesellschaft denselben Stundensatz in Rechnung zu stellen, den sie auch von mir verlangt. Wenn ich den Lohn eines Servicetechnikers von 65 Dollar für die erste Stunde zugrunde lege, dann schuldet mir die Telefongesellschaft 30,33 Dollar, die ich von meiner Telefonrechnung abziehen werde. Und falls man mir dann damit droht, die Leitung stillzulegen, dann werde ich mir einfach eine andere Firma suchen.

Was mich zu den 23,90 Dollar monatlich bringt, die mein Internetprovider von meinem American-Express-Konto abbucht. Als jemand, der das Internet ausschließlich in seiner Freizeit nutzt, will ich mich nicht mit Fragen wie Breitband oder DSL beschäftigen, daher bleibe ich oft bei den uns allen vertrauten Wartemeldungen stecken: »Möchten Sie das Skript auf dieser Seite weiter ausführen?« Oder: »Es konnte keine Verbindung hergestellt werden ... Wählversuch 1 ... Wählversuch 2 ... Wählversuch 3«, und so weiter und so fort. Wenn ich, nach fünf oder sechs Minuten, endlich im Netz bin, bleibt mir oft nicht einmal mehr die Zeit, meine Spam-Mails zu lesen. Mein Traum wäre es demzufolge, meinem Provider für die verlorene Zeit ein Schmerzensgeld in Rechnung zu stellen. Doch wie Sie wissen, sieht die Realität völlig anders aus. Es ist schlichtweg undenkbar, dass ich ihn einfach um *seine* American-Express-Nummer bitten und meine Forderungen abbuchen kann. Bestenfalls könnten wir uns auf eine nominelle Gebühr, zum Beispiel zwei Monate kostenlose Leistung, einigen.

Ich weiß, was Sie jetzt sagen werden: dass ich bestimmt nicht reich werden kann, wenn ich für meine Zeit Gebühren verlange, vor allem dann nicht, wenn sie so gering sind. Aber wie sagt man so schön: Kleinvieh macht auch Mist. Und es wäre ein kleiner Beitrag, um mein Prozac zu finanzieren. Und wer weiß? Wenn ich einen Weg finde, meinem Arzt die Zeit zwischen vierzehn Uhr, wo ich meinen Termin habe, und fünfzehn Uhr, wenn er endlich Zeit für mich hat, in Rechnung zu stellen oder dem Ausfahrer, der mir zusichert, dass er, wenn ich um sieben Uhr morgens am vereinbarten Tag der Lieferung anrufe, meine Couch am Vormittag oder aber am Nachmittag liefern wird; oder dem Klempner, der irgendwann zwischen zehn und sechzehn Uhr bei mir sein wird, *dann* sprechen wir vom richtig großen Geld.

Ob AT&T, mein großes Vorbild, und ich das durchziehen können, wird sich noch herausstellen. Ich jedenfalls bleibe gelassen. Ich habe den wichtigen ersten Schritt getan. Jetzt heißt es für mich nur noch, abwarten, Tee trinken und dabei in aller Ruhe meinen Gebührenzähler beobachten.

DAS LEBEN IN EINER BLASE

Das ist vielleicht ein Ding! Wir haben vor kurzem den Wert unseres Hauses schätzen lassen, und, schluck, es ist fünfmal so viel wert wie damals, vor zwölf Jahren, als wir es gekauft haben. Wenn man kurz nachrechnet – und das haben wir getan –, wohnen wir in einem kleinen Vermögen. Wer hätte je gedacht, dass uns unser verwittertes Häuschen, das allerdings einen halben Block von einem sehr gepflegten, privaten Sandstrand entfernt steht, dazu veranlassen würde, unser Testament zu ändern und unseren Lebensstil vollkommen neu zu überdenken? Weil man – sehen wir den Tatsachen doch ins Auge – ein Haus im Wert von über einer Million Dollar nicht genauso behandelt wie einen Bungalow, der nur wenige Hunderttausend wert ist.

Also, was früher unser kleines Haus am Meer war, ist jetzt ein »Anwesen«, und als solches verdient es auch eine seinem Marktwert entsprechende Pflege. Und das heißt konkret: Unsere Tage als Heimwerker

und Bastler gehören der Vergangenheit an. Wir wüssten ja nicht einmal, wo man die Sorte Nägel kauft, die
man in eine derart wertvolle Immobilie einschlägt.
Streichen, Ritzen abdichten, die kleinen Löcher mit
Holzkitt füllen – undenkbar. Jemand wie wir macht
das doch nicht selbst. Zwar verlangt ein Handwerker
für derartige Kleinigkeiten vielleicht dreißig oder vierzig Dollar die Stunde, aber was spielt das bei einem
»Anwesen«, das mehr als eine Million Dollar wert ist,
schon für eine Rolle?

Und wir haben noch etwas anderes in Erfahrung
gebracht: Unser »Anwesen« angemessen zu hegen und
zu pflegen bedeutet auch, dass wir uns von unserer
Pfennigfuchserei verabschieden müssen, wenn es um
größere Modernisierungsmaßnahmen geht. Vor unserem Aufstieg hätten wir, wenn wir in unserem Garten,
der jetzt nur noch »Park« heißt, ein wenig zusätzlichen Sichtschutz für nötig gehalten hätten, für
Weißtannen und Forsythien plädiert. Quel bourgeois
für ein »Anwesen«! Jetzt müssen es schon japanische
Zedern und arabischer Jasmin sein. Das alles ist ein
bisschen teuer, sicher, aber in unseren Kreisen ist Geld
kein Thema. Und wenn wir schon dabei sind: Diese
Allerweltsgeranien zu vier Dollar das Stück machen in
unseren Blumenkästen auch kein gutes Bild mehr.
Wir haben uns inzwischen mit dem Gedanken an-
gefreundet, die Kästen mit jener Art von Pflanzen
auszustatten, die unserem neuerdings gehobenen Ge-
schmack wesentlich besser entspricht. Vielleicht ein

paar Salbeistöcke, direkt neben einigen Silberrand-chrysanthemen.

Und damit hört es noch nicht auf. Unsere Garde-robe, die sich früher auf ausgewaschene Levis und Fort-Myers-Beach-T-Shirts beschränkte und damit für die Eigentümer eines bescheidenen Hauses auf weniger als zweitausend Quadratmetern Grund abso-lut angemessen war, erweckt jetzt zwangsläufig den Eindruck, als gäben wir uns absichtlich underdressed, um uns über jene, deren Häuser nicht in der Mehr-als-eine-Million-Dollar-Liga spielen, lustig zu machen. Wir kaufen jetzt Designerjeans und diese Ralph-Lau-ren-Tops, die wir schon bei so vielen anderen Millio-nären gesehen haben.

Dennoch: Selbst wenn die Wolken jetzt einen sil-bernen Rand haben, und in unserem Fall sogar einen goldenen, so sind es doch noch immer Wolken. Und das ist, bei genauerer Betrachtungsweise, auch unser Problem. Einerseits haben wir, außer wir verkaufen unser Haus, was wir aber nicht vorhaben, nicht mehr Bargeld als zu der Zeit, als unser Haus noch nicht als »Anwesen« galt. Andererseits können wir es uns nur leisten, unser »Anwesen« in der Art und Weise zu un-terhalten, die es verdient hat, wenn wir es verkaufen. Ein Paradoxon erster Güte. Ein wirkliches Problem, das es zu lösen gilt, während wir gerade überlegen, wen wir anrufen sollen, damit er unsere Fußböden poliert.

Glauben Sie jetzt aber nicht, dass wir für diesen

Immobilienboom, der uns mit einem Schlag in die oberen Schichten der Gesellschaft katapultiert hat, nicht dankbar wären. Wir schätzen den Wert unseres Vermögens durchaus, allerdings können wir uns nicht verkneifen, gelegentlich die Leute, die die Nadeln schon in der Hand halten, anzufeuern, wenn wir hören, dass der gegenwärtige Immobilienmarkt als »Blase« bezeichnet wird.

WIE MAN IN DEN HAMPTONS WOHNT, OHNE JEMALS EINEN PROMINENTEN ZU TREFFEN

Ich wohne in Amagansett, und das gehört bekanntlich zu East Hampton. Und ich sage Ihnen hier und jetzt, dass ich noch niemals auch nur einen Prominenten zu Gesicht bekommen habe. Weder Alec Baldwin noch Kim Basinger. Weder Martha Stewart noch Jerry Seinfeld. Weder Kathleen Turner noch Paul Simon. Weder Steven Spielberg noch Ralph Lauren. Auch Jerry Della Femina ist mir noch kein einziges Mal über den Weg gelaufen, können Sie sich das vorstellen?

Ich komme anscheinend immer zwei Minuten zu spät an den Ort des Geschehens. Während ich in den Farmer's Market gehe, spüre ich, dass eine Spur von Aufregung in der Luft liegt. »Das war doch Christie Brinkley«, höre ich dann plötzlich eine andere Kundin ihrer Freundin zuflüstern. Aber wenn ich mich umdrehe, ist Christie schon verschwunden. Oder: »Hast du Lee Radziwill gesehen?« Ich wirble herum –

gerade noch rechtzeitig, um den Friseur eines hiesigen Schönheitssalons zu sehen. Aber keine Prinzessin. Keine Prominente.

Entweder treffe ich kurz vor oder kurz nach dem Auftritt eines Prominenten ein. So stand ich zwar genau an der richtigen Stelle auf der Main Street, aber eben fünfzehn Minuten, bevor Hillary Clinton dort vorbeikam. Wenn ich gewartet hätte, um sie zu sehen, wäre meine Eiscreme in der Tasche geschmolzen. Ein paar Jahre zuvor habe ich Bill Clinton um Haaresbreite verpasst. Ich war verärgert, weil sich ein Menschenauflauf um die Feuerwache in Amagansett gebildet hatte und den Verkehr behinderte. Ich beruhigte mich, nachdem ich die Engstelle endlich passiert hatte; später erfuhr ich, dass all die Menschen auf den Präsidenten gewartet hatten, und ärgerte mich wieder.

Es ist nicht so, als wüsste ich nicht, wie diese Leute aussehen. In der Lokalzeitung erscheinen jede Woche seitenweise Fotos berühmter Personen, die auf einer der vielen Wohltätigkeitsveranstaltungen abgelichtet wurden. Ihre Gesichter haben sich in mein Gedächtnis eingeprägt, obwohl ich – wenn ich ehrlich bin – nicht sicher sagen könnte, ob ich einige der Frauen ohne ihr Abendkleid erkennen würde. Wenn ich jemand wirklich Berühmten sehen wollte, müsste ich fünfhundert Dollar Eintritt bezahlen und in ein paar Spandex-Caprihosen investieren. Dann könnte ich mir mit Edward Albee einen Teller teilen. Meine Neugier hört jedoch bei ungefähr hundert Dollar auf. Und dafür bekommt man allenfalls ein paar Starlets, die vielleicht, aber nur vielleicht in einer Fernsehserie auftauchen werden.

Einmal hatte Macaulay Culkin's Familie ein Jahr lang ein Haus am Strand gemietet. In ebenjener Straße, in der auch ich wohne. Wir haben uns sozusagen denselben Strand geteilt. In dieser Zeit habe ich wohl jedes Mitglied seiner Familie zu Gesicht bekommen. Nur Macaulay, der entweder gar nicht da war oder nur nachts am Strand spazieren ging, sah ich nie.

Wenn ich lese, wer alles den Sommer in den Hamptons verbringt, komme ich mir so entsetzlich isoliert vor. Ich frage mich immer wieder, wie ich es nur schaffe, einfach jeden Promi zu verpassen. Ich kaufe in den Geschäften der Schickeria ein, ich esse in den Restaurants der Schickeria, ich gehe auf den mit Gold gepflasterten Straßen stundenlang spazieren. Wie kann es da sein, dass mir Caroline Kennedy Schlossberg noch kein einziges Mal begegnet ist?

Ich bezweifle nicht, dass »sie« hier sind. Es gibt keinen Immobilienmakler, der nicht von sich behauptet, irgendeinem Promi ein Haus verkauft zu haben. Dennoch könnten sie, jedenfalls soweit es mich betrifft, genauso gut am Eriesee Urlaub machen. Sie sind wie diese kleinen Mücken am Strand. Man hört sie immer nur summen, aber man sieht sie nie.

WAHLPOKER

Jetzt kommt es! Bei den Wahlen dreht sich, wie wir alle wissen, alles um die roten und die blauen Staaten – und um die noch unentschlossenen Wähler. Immer wieder wird gesagt, dass es nicht die registrierten Wähler der Demokraten oder der Republikaner seien, die 2008 das Rennen entscheiden werden. Also habe ich einen Entschluss gefasst: Da ein Umzug nach Ohio, auch wenn es meiner Partei nützen würde, für mich nicht in Frage kommt (ich bin weder bereit, meine Friseurin noch meine Familie zu verlassen), ging ich am fünfzehnten September vor besagtem vierten November zum Rathaus und ließ meine Registrierung löschen. Einfach so – ratsch! – riss ich meine demokratischen Wurzeln aus und gesellte mich zu der elitären, überaus begehrten und umworbenen Gruppe von Wählern, die als »die Unabhängigen« bekannt sind.

Auf diese Weise würde ich nicht länger einfach nur Stimmvieh sein, jemand, dessen Stimme garantiert war. Jetzt war ich in der glücklichen Situation, von den Republikanern und den Demokraten gleichermaßen umworben zu werden, weil sie wussten, dass sie um meine Stimme würden kämpfen müssen. Ich war jetzt eine »Wechselwählerin«. Meine Stimme konnte einem bestimmten Kandidaten zum Sieg verhelfen. Ich war jetzt die wichtigste Kraft.

Meine Entscheidung beruhte dabei auf zwei Gründen. Zuerst einmal wollte ich natürlich meiner Partei nützen, die hart dafür arbeitete, die Unentschlossenen für sich zu gewinnen – und zu dieser Gruppe gehörte ich jetzt ja. Der zweite Grund war eher persönlicher Natur. Um die Wahrheit zu sagen, habe ich mich oft gefragt, wie es sich anfühlt, »unabhängig« zu sein, sich einfach treiben zu lassen, frei und ungebunden, dem Democratic National Committee nicht bekannt. Nun brauchte ich bei den Vorwahlen in meinem Bundesstaat zwar nicht mehr meine Stimme abzugeben, und natürlich würde ich die persönlich gehaltenen Lieber-Mitdemokrat-Briefe von Hillary Clinton, James Carville oder Ted Kennedy vermissen. Dennoch bereute ich meine Entscheidung nicht. Ich bekam allmählich das Gefühl, dass sie mich ohnehin nicht richtig kannten, sonst würden sie sich daran erinnern, dass ich auf dem Spendenformular immer die Kategorie »sonstige« angekreuzt habe.

Mir war natürlich auch bewusst, dass jetzt die Republikaner alles versuchen würden, um mich zu gewinnen. Keine schlechte Sache! Ich hatte auch schon früher Tanzpartner, mit denen ich niemals nach Hause gegangen war. Obwohl ich meine Rolle als Spionin nicht glorifizieren will, so verlieh meine neue Position als Unabhängige meinem umfangreichen Schriftwechsel mit Howard Dean wahrscheinlich doch ein wenig mehr an Gewicht. Hier schreibt nicht einfach nur irgendeine Demokratin, Howard. Eine Unabhängige weiß vielleicht etwas, das Sie hören sollten. Und falls *Sie* kein Interesse daran haben, nun, vielleicht will es dann Mike Duncan hören.

Vielleicht hätte ich nicht einmal weitere Briefe zu schreiben brauchen. In meiner neuen Rolle als Königsmacherin hatte ich erwartet, in zahlreichen Umfragen um meine Meinung gebeten zu werden (Unabhängige werden das normalerweise). Um das Ganze ein wenig spannender zu gestalten und vor allem, um auch noch weiter hofiert zu werden, hatte ich mir vorgenommen, »ich bin noch immer unentschieden« zu antworten. Auf diese Weise war ich eine echte Wildcard, sowohl unabhängig als auch unentschlossen. Selbst Ralph Nader hätte sich Chancen bei mir ausgerechnet.

Ich habe diesen Wechsel erst ein paar Monate vor der Wahl vollzogen, deshalb kann ich auch nicht behaupten, dass ich irgendwelche anderen Unabhängigen persönlich kennengelernt hätte. Ich wollte mich jedoch umsehen, ob es irgendeinen Ort gab, wo wir Unabhängigen so herumhingen. Ich fand jedoch keinen. Wahrscheinlich, weil es eine geradezu groteske

Vorstellung ist, dass sich ein Haufen von »Freidenkern« zur selben Zeit auf den Weg zum selben Starbucks macht. Egal. Die Umfragen zeigen deutlich, dass ich zu einer immer größer werdenden Gruppe gehöre. Und dies ist eine Erfahrung, die ich als Demokratin noch nie gemacht habe.

Während wir uns also der großen Wahl im Herbst näherten, wurde ich immer zuversichtlicher – endlich würde meine inzwischen überaus begehrte Stimme wirklich zählen. *Sie* wussten und *ich* wusste: Es ist erst vorbei, wenn die große Glocke läutet.

FAHRUNTERRICHT

Obwohl ich zugeben muss, dass die neue Regierung nicht ausdrücklich um meine Hilfe gebeten hat, so habe ich mir dennoch das Gehirn zermartert, um Mittel und Wege zu finden, unser Energieproblem zu lösen. Da ich in einer Eigentumswohnung lebe, kann ich nicht einfach im Garten nach Öl bohren. Und die Eigentümergemeinschaft lässt mich nicht einmal eine Satellitenschüssel auf dem Dach installieren, von einem kleinen Windkraftwerk ganz zu schweigen. Was also ist zu tun?

Während die Politiker eifrig Methoden diskutieren, wie man die Effizienz des Treibstoffs bis zum Jahr 3000 steigern kann (bis dahin werden wir alle – nun, fast alle – Auto fahren und dabei verzweifelt nach Luft ringen), habe ich mir ein paar Dinge überlegt, die man sofort in die Tat umsetzen könnte. Diese Vorschläge sind frei verfügbar: Um sie zu nutzen, ist es nicht notwendig, sich irgendwo einzuloggen, einen »grünen« Newsletter zu abonnieren oder eine Spende an HUB

(Hamstert Unser Benzin) zu leisten. Nehmen Sie einfach den Fuß vom Gaspedal und tun Sie Folgendes:

Küste. Wenn möglich, fahren Sie immer bergab. Auf den ersten Blick mag das unmöglich erscheinen. Schließlich sagt schon ein bekanntes Sprichwort: »Wo es abwärts geht, muss es auch wieder aufwärts gehen.« Aber lassen Sie sich nicht täuschen. Es gibt sicher noch viele niedrig gelegene Straßen, die Sie noch nie befahren haben.

Kaufen Sie ein Auto *weniger*. In vielen Familien hat jeder Teenager sein eigenes Auto. Dies bedeutet, dass es in vielen Haushalten vier oder fünf Autos gibt. Um Benzin zu sparen, melden Sie wenigstens eines davon ab. Mom und Dad macht es bestimmt nichts aus, wenn sie sich einen Wagen teilen müssen.

Gründen Sie eine Fahrgemeinschaft. Es mag eine Weile dauern, bis Sie vier andere Menschen gefunden haben, die zum selben Zahnarzt gehen wie Sie. Aber denken Sie daran, wie viel Benzin Sie auf diese Weise sparen und wie viele alte Ausgaben von *National Geographic* Sie lesen können, während Sie darauf warten, dass die anderen vier eine Wurzelbehandlung oder eine Krone bekommen.

Seien Sie kreativ. Wenn Sie mit dem Auto zur Arbeit fahren müssen, weil es zwischen East Gator und West

Croc, wo die Firma, in der Sie arbeiten, ihren Sitz hat, keine öffentliche Verkehrsverbindung gibt, dann schlagen Sie Ihrem Chef doch einfach vor, dass er Ihnen einen Heimarbeitsplatz einrichtet. Führen Sie ihm vor Augen, welche Einsparungen möglich sind, wenn Flugzeugteile außer Haus montiert werden.

Freunden Sie sich mit dem Tankwart an. Bestechen Sie ihn, damit er Sie anruft, kurz bevor er die Benzinpreise ändert. Wenn Sie dann sofort zum Tanken fahren, können Sie die fünfzig Cent pro Gallone sparen, die das Benzin schon eine Stunde später kosten wird.

Koordinieren Sie Ihre Aufgaben. Wenn Sie zum Beispiel Ihre Sachen am Mittwoch aus der Reinigung und Ihre Schwiegermutter am Donnerstag vom Flughafen abholen müssen, dann bitten Sie doch einfach Ihre Schwiegermutter, dass sie ihren Flug umbucht. Auf diese Weise können Sie auf dem Rückweg vom Flughafen gleich noch zur Reinigung fahren. Und schon haben Sie wieder eine Fahrt gespart.

Ziehen Sie in die Innenstadt. Wenn Sie in der Vorstadt wohnen, wird Ihr Auto zwangsläufig zum Benzinschlucker. In den verstopften Arterien der Metropolen liegt der Haushaltswarenladen fünf Meilen vom Supermarkt und dieser wiederum acht Meilen vom Fitnesszentrum entfernt. Von dort aus sind es mindestens zehn Meilen in der anderen Richtung bis nach Hause. Die Vorstädte haben ihre große Zeit hinter sich. Aus und vorbei. Jeder will zurück in die Innenstadt, wo sich Pepcid um das Abgasproblem kümmert.

Falls Sie keine dieser Ideen zu überzeugen vermag, Sie aber auch nicht an Ihren Kongressabgeordneten schreiben wollen, weil das bedeuten würde, dass Sie einen weitschweifigen Brief von einem fünfzehnjährigen Praktikanten bekommen, der für die Beantwortung nervtötender Post eingestellt wurde, dann überlegen Sie vielleicht, wieder zur Pferdekutsche zurückzukehren. Dann zumindest wüssten Sie, dass das Gras umso grüner wird, je weiter Sie fahren.

AUF DEM
AUFSTEIGENDEN AST

In aller Stille und schleichend wurde ich sozusagen immer höher gestuft. Bevor Starbucks auf der Bildfläche erschien, habe ich für eine Tasse Kaffee niemals mehr als einen Dollar bezahlt. Als ich dann zum ersten Mal bei Starbucks an den Tresen trat und für einen großen (kleinen) koffeinfreien Kaffee 1,45 Dollar (inzwischen 1,75 Dollar) hinlegte, erschien mir das durchaus noch als angemessener Preis. Zumindest verglichen damit, dass andere Kunden für einen Caffè Latte oder einen Frappuccino lässig eine Fünfdollarnote hinblätterten (behalten Sie den Rest). Allerdings muss ich zugeben, dass diese Getränke mit der Tasse Kaffee aus Vor-Starbucks-Zeiten, wie ich sie mir auf dem Weg zur Arbeit aus dem Geschäft an der Ecke mitzunehmen pflegte, nur entfernt etwas zu tun hatten.

Es dauerte ein paar Schachteln Berry Burst Cheerios, bis mir klar wurde, was da eigentlich wirklich mit meinem Haushaltsbudget passierte: Ungeachtet des Preisindex gebe ich nämlich immer mehr Geld aus, und zwar für neue Versionen altbekannter Produkte. Ich werde täglich hochgestuft. Es scheint schon fast proletenhaft, einfach ganz normales Müsli zu kaufen, schließlich kostet das neue, in dem getrocknete Früchte, Knusperflocken oder Zimt enthalten sind, nur wenig mehr.

Oreos, diese kleinen Schokoladenkekse mit der süßen Cremefüllung, gehörten jahrelang zu meinen Lieblingssüßigkeiten. Versuchen Sie jetzt einmal, eine Packung »alter« Oreos zu finden. Keine Chance. Aber für dreißig oder vierzig Cent mehr bekommen Sie sie jetzt mit doppelter Füllung, mit Schokoladenfüllung oder mit Zuckerguss überzogen. Ganz normale Oreos? Die sind einfach ausverkauft.

Tiefgefrorene grüne Bohnen waren für mich immer eine gute Beilage, bis sich tiefgefrorene grüne Bohnen mit Pilzen und tiefgefrorene Bohnen mit Zwiebeln oder mit Wasserkastanien ihren Weg in die Tiefkühltruhe bahnten. Neben diesen neuen Mischungen, die nur ein paar Cents – okay, vielleicht fünfzig Cent – mehr kosten, sehen die gewöhnlichen Bohnen, nun, eben gewöhnlich aus.

All die alten, einfachen Produkte, die ich früher kaufte, enthalten jetzt Nüsse, M&Ms, Rosinen, Erdnussbutterkugeln oder Schokoladensplitter. Spezialitäten, die früher nur in gut sortierten Feinkostläden zu bekommen waren, stehen nun in den Regalen jedes x-beliebigen Supermarktes. Tee zum Beispiel. Ich fand den guten, alten Lipton Tee wunderbar, bis ich eines Tages englische Tees in den Supermarktregalen entdeckte. Wie hätte ich da widerstehen können? Die wenigen Cents mehr, die eine Tasse kostete, waren auf jeden Fall preisgünstiger als eine Reise nach England. Also probierte ich Twinings aus. Er kostete zwar dreimal so viel wie Lipton, aber was soll's, ich trinke ja nur ein oder zwei Tassen pro Tag. Es wäre doch völlig widersinnig, wenn ich mir wegen ein paar lumpiger Cents diesen Genuss versagen würde.

Bald gesellte sich ein ganzes Sortiment anderer Teemischungen zu seinen englischen Verwandten. Grüner Tee, doppelt so teuer wie Lipton, dafür aber besonders gesund, denn er enthält Antioxidantien (was auch immer das sein mag). Ich fand auch Kamillentee, um zu entspannen, und Ingwertee, um meinen Magen zu beruhigen. Und jeder dieser Tees kostet doppelt oder dreimal so viel wie der gute alte Lipton, den ich früher jeden Nachmittag zu trinken pflegte.

Erstaunlich ist dabei auch, wie viel Platz die stetig wachsende Anzahl von Produkten benötigt. Schließlich ist der verfügbare Raum selbst im größten Supermarkt letztendlich doch begrenzt. In der Gemüseabteilung haben wir einmal die normalen Karotten und einmal die Bio-Karotten; wir haben die normalen Zucchini und die Bio-Zucchini. Für jede Obst- oder Gemüsesorte, die mit den inzwischen so verpönten Düngern angebaut wurde, findet sich ein Gegenstück, das mit umweltfreundlichen Bodenverbesserern angebaut wurde. Ich habe jedes Mal ein schlechtes Gewissen, wenn ich nach dem weniger teuren Pfirsich greife, der, so unschuldig er auch aussehen mag, höchstwahrscheinlich entscheidend zur Treibhausgasemission beigetragen hat.

Seit mir bewusst geworden ist, was da gerade geschieht, versuche ich wieder verstärkt, meine alten Produkte, die inzwischen oft das Etikett »Original« tragen, zu kaufen. Aber jedes Mal, wenn ich zum Einkaufen fahre, ist das »Original« schwerer zu finden. Frischer Orangensaft war früher einfach frischer Orangensaft und nicht aus Konzentrat hergestellt. Er wurde entweder als viertel oder als halbe Gallone angeboten. Jetzt bieten Tropicana und Florida's Natural Orangensaft ohne Fruchtfleisch, mit wenig Fruchtfleisch oder mit viel Fruchtfleisch an; mit Kalziumzusatz und ohne Kalziumzusatz. Der Orangensaftbereich des Kühlregals ist mittlerweile größer als der für Joghurt, dessen Palette wiederum vom »originalen« Naturjoghurt über Joghurt mit Erdbeer-, Blaubeer-, Apfel-, Pfirsich-, Boysenbeeren- und Vanillegeschmack reicht, entweder mit Zuckerersatz (oder ohne) oder mit Knusperflocken (oder ohne), und das jeweils von fünf verschiedenen Herstellern.

Wo all das noch enden wird (Vollkornkekse mit Papayafüllung für sechzig Cent mehr?) – nun, ich bin mir nicht sicher. Aber ich sehe schon den Tag kommen, an dem wir für die »Originale« mehr bezahlen müssen, und zwar deshalb, weil sie so rar geworden sind. Wenn ich einen Blick in die Zukunft riskiere, sehe ich leere Getränkekartons, die im Smithsonian ausgestellt werden, damit ein Kind im Jahr 2108 sie betrachten und einer sichtlich erstaunten Freundin bestätigen kann: »Siehst du! Ich habe dir doch gesagt, dass es früher Orangensaft ohne Gummibärchen gab.«

UND MEINE STIMME
GEHT AN ...

Endlich! Dies ist mein Jahr! Ich habe es geschafft!
Ich bin eine weiße ältere Frau, glühende Anhängerin
von Hillary Clinton, und werde jetzt von Republikanern und Demokraten gleichermaßen umworben.
Toll! Ich habe meine erste Stimme 1952 für Adlai
Stevenson abgegeben, aber dieses Jahr ist das erste, in
welchem die politischen Parteien mir ihre volle Aufmerksamkeit geschenkt haben.

Gewiss: Der entsprechenden Post, die ich vor der
Wahl bekam, war stets ein Rückumschlag beigelegt,
der mir sagte, wie viel meine Unterstützung (Code-
wort: Spende) diesem oder jenem Kandidat bedeuten
würde, aber alt bin ich jetzt schon eine ganze Weile
(und weiß und weiblich natürlich), und dennoch hat
mir bis heute niemand das Gefühl vermittelt, etwas
ganz Besonderes zu sein. All die Reden, die Wahlspots
im Fernsehen und die Interviews konzentrierten sich
auf die Pendelstimmen. Die Unabhängigen waren

schon immer die Zielgruppe einer jeden Kampagne. Ich war früher immer nur ein Teil der Basis, meine Stimme war selbstverständlich, mein Einfluss auf die Demographie nicht der Rede wert.

Jetzt, was für ein glücklicher Tag, liegen alle Augen auf der Gruppe, der auch ich angehöre: die der über fünfundsechzigjährigen Frauen. Ja, es hat manchmal sogar den Anschein, als hätten nur ich und die anderen, auf die diese Beschreibung passt, eine Stimme, die zählt. Wir werden mit Fragen geradezu bombardiert. Bin ich wegen Hillary Clintons parteiinterner Niederlage so verbittert, dass ich für John McCain stimmen werde? Vielleicht! Finde ich die Nominierung von Sarah Palin provozierend genug, um Barack Obama meine Stimme zu geben? Vielleicht! Ich habe mich noch nicht endgültig entschieden, aber ich werde mir beide Seiten anhören. Ich habe nämlich nicht nur die Zeit, das zu tun (Sie erinnern sich vielleicht, ich bin im Ruhestand), ich liebe es geradezu.

Ganz besonders genieße ich es, wenn die männlichen Kommentatoren, Politstrategen und Experten selbstherrlich darüber reden, warum wir (*meine* Gruppe) niemals Barack Obama wählen wird. Er sei zu jung, zu unerfahren und – was das Schlimmste ist – er sei keine Frau. Immerhin seien wir mit Betty Friedan, Kate Millett und Gloria Steinem groß geworden. Wir würden niemals einen Mann, nicht einmal einen Afro-Amerikaner wählen, der *unserer* Kandidatin die Nominierung weggeschnappt hat.

Werden wir uns stattdessen für Sarah Palin begeistern? Sie ist zwar auch jung, aber sie ist eine Frau. Sie ist zwar gegen das Recht der Frauen, sich für oder gegen ein Kind zu entscheiden, aber sie ist eine Frau. Nach eigener Einschätzung ist sie ein Barrakuda. Ja, aber sie ist eine Frau. Und da *meine* Gruppe laut *dieser Gruppe* sowieso John McCain näher steht als Barack Obama, werden wir, wenn wir schon Hillary Clinton nicht bekommen können, mit Sicherheit für John McCain stimmen. Er weiß aus eigener Erfahrung, wie es ist, alt zu werden. Mit ihm können wir wenigstens Medicare-Geschichten austauschen.

Wie interessant! Ich wünschte, ich wäre in Florida gewesen (wir sind immer von Januar bis einschließlich März dort), um Senatorin Clintons Rede an meine Mitsenioren zu hören. Florida ist ein toller Ort für den Wahlkampf, weil die Golf Communities dort so dicht nebeneinanderliegen, dass ein Politiker dort an einem einzigen Tag auf jede Menge finanzstarker Senioren trifft.

Zurück zu der Frage, wer meine Stimme bekommt. Jedenfalls bin ich nicht willens, die Früher-für-Hillary-ältere-Frau-Stimme irgendeinem x-beliebigen Kandidaten zu geben. Diese Tage sind vorüber. Täuschen Sie sich nicht, selbst wenn es am 4. November regnen sollte, ich werde zur Wahl gehen. Auch meine Freundinnen werden zur Wahl gehen. Und wir neigen (und das meine ich wörtlich) zu …? Sagt es mir noch einmal, John oder Barack (es stört euch doch hoffentlich nicht, wenn ich euch duze, schließlich duzt ihr mich in euren Briefen ja auch): Wie wichtig *bin* ich für euch? Glaubt ihr wirklich, dass meine Stimme die Wahl entscheiden wird? Ist *meine* Gruppe wirklich wichtiger als die der Unabhängigen?

Okay, okay! Ich denke, ich kann euch vertrauen. Ich wünschte nur, eure Nasen würden eines Tages aufhören zu wachsen.

KATERSTIMMUNG

Ich weiß genau, was geschehen wird. Schließlich ist das nicht die erste Wahl, die ich erlebe. Am Montag vor dem Wahldienstag wird mein Briefkasten von Karten und Flyern, auf denen man mich bittet, diesen oder jenen Kandidaten zu unterstützen, förmlich überquellen. Das Telefon wird den ganzen Tag nicht mehr stillstehen. Die Anrufer werden mir noch einmal genau erklären, wo sich mein Wahllokal befindet, und mich, ganz nebenbei, bitten, X, Y oder Z meine Stimme zu geben. Ich werde von all meinen guten Freunden an hoher Stelle hören: von Bill Clinton, Steven Spielberg, George Clooney und Caroline Kennedy Schlossberg. »Liebe Lyla« – sie duzen mich jetzt alle.

Dann plötzlich ist es Mittwoch. Und zack, bumm. Danke, Ma'am – die Zeit des Werbens ist vorbei. Kein »Wie geht es Ihnen heute« von meinen Freunden in den Parteizentralen. Tom Grimes, Christopher Shays und Toni Bucher werden schlagartig vergessen, wo ich wohne.

Es spielt keine Rolle mehr, dass ich überall im Land Wahlkundgebungen besucht habe; dass ich unzählige Leserbriefe geschrieben habe; dass ich mehr für einen Kaffee mit Hillary Clinton bezahlt habe als bei Starbucks (und es war nicht einmal ein Caffè Latte). Monatelang haben sie betont, wie viele Gemeinsamkeiten wir doch haben. Sie wüssten, dass ich ihre Ansichten in puncto Verkehr, Waffengesetze, Krieg im Irak, Steuersenkungen und Gesundheitsfürsorge teile – ja, ich hatte fast schon geglaubt, wir hätten so etwas wie eine Beziehung.

Nun, zumindest waren wir Brieffreunde. Sie haben mir Briefe geschickt, ich habe ihnen Geld geschickt. Nicht viel. Ich habe meistens »andere Form der Spende« angekreuzt. Aber sie haben mir versichert, dass sie sich über alles freuen würden, was ich ihnen geben könnte. Ha!

Dann, am Wahlabend, mache ich alles wie sonst auch. Die ersten Ergebnisse werden verkündet, und ich gehe zu Bett. Als ich am nächsten Morgen aufwache, ist alles still. Es ist vorbei. In meinem Briefkasten liegt nur noch ein einziger Brief, mit einer Wohlfahrtsmarke frankiert und bereits vor drei Wochen abgeschickt. Ein kurzer Blick in die Zeitung sagt mir, dass fast alle meine Kandidaten verloren haben, was wiederum bedeutet, dass mein Beitrag, im Gegensatz zu allem, was man mir schon seit Monaten versichert hat, wohl doch nicht über Sieg oder Niederlage entschieden hat.

Es ist ein schwarzer Mittwoch. Das ist sicher. Ich weiß nicht, wie es mit diesem Land weitergehen soll, wenn überall die falschen Leute im Amt sind. Aber ich werde mit meinem politischen Katzenjammer fertig werden, so wie ich damit schon immer fertig geworden bin. Zuerst werde ich versuchen, die Aufkleber von der Stoßstange meines Autos zu kratzen. Dann werde ich die Wahlkampfplaketten in meine mit »politische Erinnerungen« beschriftete Schachtel legen, zusammen mit den Bildern, Flyern und ein paar der »persönlichen« Briefe. Dann, am Nachmittag, werde ich mit feuchten Augen das Mehl aus dem Küchenschrank holen, die Butter aus dem Kühlschrank nehmen und mit meinen Tränen den Teig befeuchten, während ich den Kuchen für Thanksgiving backe.

DAS BELOHNUNGS-
PROGRAMM

Eine große Bitte: Ich will einfach keine Adressaufkleber mit entzückenden kleinen Kätzchen oder Beaglewelpen mit langen Schlappohren mehr bekommen. Und verzichten Sie bitte auch darauf, mich mit Ihren Kalendern in Versuchung zu führen: mit diesen herrlichen Nahaufnahmen von Tigern oder Löwen, die ich bestaunen kann, wenn ich von Januar zu Februar oder von März zu April blättere. Ganz egal, was Sie mir schicken (obwohl ich ein neues Auto bestimmt nicht zurückweisen würde), ich werde nur einmal im Jahr für Ihre Sache spenden, und das auch nur dann, wenn ich von Ihrer Sache wirklich überzeugt bin. Wenn Sie wollen, dass ich Ihnen dabei helfe, eine bestimmte Spezies vor dem Aussterben zu bewahren, von der ich, bevor ich Post von Ihnen bekam, nicht einmal wusste, dass es sie überhaupt gibt, dann werden Sie sich anstellen und warten müssen, bis Sie an die Reihe kommen. Was die Rettung des Schabrackenpanzerwelses betrifft, so bin ich mir absolut sicher, dass ich noch nie ein Exemplar dieser sicher ganz besonderen Spezies gegessen und somit bereits meinen Beitrag zur Rettung der Art geleistet habe. Ich bezweifle dabei nicht, dass dieser Fisch von der Ausrottung bedroht ist, hätte jedoch ein wesentlich schlechteres Gewissen, wenn ich Leoparden jagen würde.

Das heißt nicht, dass ich nicht willens wäre, meinen Teil zur Rettung von Flora und Fauna zu leisten. Mir ist die Notwendigkeit des Sammelns von Spenden durchaus bewusst, schließlich habe ich das selbst auch schon getan. Wenn ich jedoch für eine gute Sache spende, dann ist es mir wichtig, dass mein Geld direkt der guten Sache zufließt und nicht für den Kauf von Aufklebern, Kalendern, Kaffeebechern, T-Shirts, Schlüsselringen, Fotoalben, Stiften oder für glänzende neue Fünf-Cent-Stücke verschleudert wird. Sparen Sie dieses Geld lieber für die Kinder, die Wale, die Eisbären, die Rhinozerosse, die Katzen, die Hunde, die Orchideen, die Denkmäler, meine Alma Mater, die Alma Mater meines Mannes, die Opfer von Hurrikanen, Tsunamis, Erdbeben, Taifunen, Erdrutschen, Waldbränden, Hunger, Krieg und Armut, um hier exemplarisch nur ein paar zu nennen. Niemand wird sich zu einer Spende bewegen lassen, nur weil er dafür einen neuen Schlüsselring bekommt. Und wenn Sie, wie in meinem Fall, Ihren Hausschlüssel und dazu die kleinen Plastikkarten für Borders, CVS, YMCA, Stop & Shop, Food Emporium und Barnes and Noble an den Schlüsselring hängen, den Sie bei der Auslieferung Ihres Autos bekommen haben, stellen weitere ein, zwei, drei oder vier Schlüsselringe, die Sie daran erinnern, dass Sie für die Weltuntergangsstiftung gespendet haben, nur vor das Problem, entscheiden zu müssen, welcher dieser Ringe dem sofortigen Recycling zugeführt werden sollte.

Geradezu betrogen komme ich mir vor, wenn ich, kaum eine Woche, nachdem ich fünf, zehn oder fünfundzwanzig Dollar oder »Sonstiges« für eine anscheinend gute Sache gespendet habe, einen Brief folgenden Inhalts bekomme.

Liebe Lyla Ward,
die Säugetiere Nordamerikas danken Ihnen für Ihre großzügige Spende. Menschen wie Ihnen, die sich beständig gegen die Verwendung von Walöl in Lampen eingesetzt und auch noch niemals Walspeck gegessen haben, verdanken es die Buckelwale, dass sie noch immer die kleineren Fische des Atlantiks verschlingen dürfen.
Wir sind Ihnen für Ihre letzte Spende so überaus dankbar, dass wir die Gelegenheit nutzen wollen, Sie zu fragen, ob Sie nicht auch diese Woche für unsere weitergehenden Bemühungen spenden wollen. Zu Ihrer Erleichterung haben wir diesem Schreiben einen Freiumschlag beigelegt, von dem wir allerdings hoffen, dass Sie ihn nicht verwenden werden, denn wenn Sie stattdessen eigene

Marken aufkleben, werden Sie den Wert Ihrer Spende noch erhöhen.

Vielen Dank.
Ihre Freunde von der NAHO
Nordamerikanische Buckelwal-Organisation

Mein Vorschlag: Ich werde Ihren Freiumschlag nicht benutzen, wenn Sie mir keine Adressaufkleber mehr schicken. Und wir wissen doch alle: Das bedeutet weniger Müllcontainer, und das wiederum kann nur von Vorteil für die Buckelwale sein. Oder etwa nicht?

GELD IST NUR
BEDRUCKTES PAPIER

Einerseits glaube ich, dass ich jetzt weiß, was Derivate sind. Andererseits sind die Ersparnisse meines Lebens nur noch halb so viel wert wie damals, bevor ich mit dem Lernprozess begann.

Aber keine Panik. Wenn man den Finanzanalysten, deren Zahl die einzige ist, die schneller gewachsen ist als die Staatsverschuldung, Glauben schenken darf, dann besteht mein Verlust nur auf dem Papier, jedenfalls solange ich nicht verkaufe. Klingt durchaus einleuchtend. Das Problem ist nur, dass ich die Aktien damals, als ich sie gekauft habe, mit echtem Geld bezahlt habe oder zumindest mit etwas, das dem sehr nahekommt, nämlich einem Scheck. Wer also hat jetzt mein Geld? Wurde es geschreddert? Oder befindet es sich einfach nur auf dem Konto von jemand anderem? Eines weiß ich jedoch gewiss: In den vergangenen Jahren, als meine Aktien und Wertpapiere einen *Gewinn* auswiesen, dies zwar auch nur auf dem Papier, habe ich mich wesentlich besser gefühlt. Hat sich vielleicht irgendjemand schlechter gefühlt?

Ich gebe zu, dass mein Wissen über die »höheren Finanzen« nicht besonders vertieft ist (nur allzu gern würde ich im Nachhinein das Seminar über mittelalterliche Dichtung gegen einen Kurs in Volkswirtschaftslehre eintauschen); aber ich weiß sehr wohl, dass ich in einer Höhle leben müsste, um eines nicht zu verstehen: Ein Verlust ist ein Verlust ist ein Verlust.

Abgesehen davon ist es meine aufrichtige Überzeugung, dass das Papier und sein späterer Komplize, das Plastik (zusammen mit den Nachrichtenkanälen, die rund um die Uhr senden, aber das ist ein anderes Thema), an diesem ganzen Schlamassel schuld sind, in dem wir jetzt stecken. Anstatt dass das Papier, so wie es sich gehört, durch Gold gedeckt ist, wird Papier heutzutage nur noch durch Papier gedeckt. Das soll jetzt nicht heißen, wir sollten zur Goldwährung zurückkehren; niemand weiß, wie viel Gold noch in der Erde steckt, aber Sie werden zugeben, dass die alten Zeiten, als eine Hausfrau noch ein Stück von einem Barren abbrechen und damit im Laden eine neue Haube kaufen konnte, und in denen jemand sah, wie reich er war, indem er einfach seine Goldstücke zählte, durchaus etwas für sich hatten.

Abgesehen davon bin ich der festen Überzeugung, dass die einzigen Dollarscheine, die tatsächlich in Umlauf sind, die 20-Dollar-Noten in den Bankautomaten und das Wechselgeld in den Schubladen der

Kassierer in den Banken sind. Wie also können wir sicher sein, dass das Geld, das man uns zu sehen erlaubt, wenn die Zentralbank ihre Tresore für das Fernsehen öffnet, auch wirklich echt ist? Wenn bei *Without a Trace* Lösegeld gezahlt wird, bestehen in aller Regel nur die obersten Schichten aus echten Scheinen – der Rest ist Spielgeld oder einfach nur Papier. Ich persönlich kenne niemanden, der in letzter Zeit eine Million Dollar in bar in den Händen gehalten hätte. Nun, wenn ich jetzt einmal genauer darüber nachdenke: Ich bin zu diversen Hausbesichtigungen, Küchenbesichtigungen und Gartenbesichtigungen eingeladen worden. Ich kann mich jedoch nicht erinnern, dass mich in letzter Zeit irgendjemand gefragt hätte, ob ich die Tresore meiner Bank besuchen wolle, um mein Geld zu besichtigen.

Wenn ich zurückblicke, finde ich es immer wieder erstaunlich, wie viele Transaktionen stattfinden, ohne dass dabei auch nur eine einzige Dollarnote im Spiel ist. Der Scheck meiner Sozialversicherung geht direkt an meine Bank. Jede andere Art von Einkommen, das ich erziele, wird ebenfalls per Scheck gutgeschrieben. Ich meinerseits bezahle meine Rechnungen meistens online. Die Bank bezahlt meine Rechnungen per Scheck, der auf das Guthaben auf meinem Konto bezogen wird. Als wir unser Haus verkauften und eine andere Immobilie erwarben, hatte niemand einen Koffer mit Geld dabei. Wir stellten einen Scheck aus, die Käufer stellten einen Scheck aus; die Bank stellte einen Scheck aus, niemand von uns sah das Geld, auf das diese Schecks sich bezogen.

Wenn ich also meinen Schreibtisch mit den Bergen von Aktienzertifikaten, Kreditkartenabrechnungen, Schecks und all dem anderen bargeldlosen Verkehr sehe, müsste ich mich eigentlich freuen. Angenommen, die Youngsters, die die Welt jetzt regieren, haben Recht und das Papier repräsentiert tatsächlich Geld, dann kann es mir eigentlich egal sein, ob der Dow Jones steigt, fällt oder ob er sich seitwärts bewegt. Denn jeder, der diesen Stapel sieht, würde sagen: Was für eine üppig ausgestattete Lady!

SPARE IN DER ZEIT,
SO HAST DU IN DER NOT!

Die wirtschaftliche Lage, vor allem meine eigene, hat mich vor kurzem veranlasst, eine Bestandsaufnahme meiner Besitztümer vorzunehmen. Erfreut durfte ich feststellen, dass meine von meiner Familie vielbelächelte Sparsamkeit es mir jetzt erlaubt, meine Hygiene- und Körperpflegegewohnheiten beizubehalten. Und dies, obwohl die Produkte, die unerlässlich sind, um mich davor zu bewahren, vorzeitig zu verwelken, immer teurer werden. Lassen Sie mich, ohne zu sehr ins Detail zu gehen, einfach sagen, dass ich auf meinen Reisen genügend hübsche kleine Seifenstückchen, Fläschchen mit Shampoo (einige sogar mit Conditioner), kleine Tuben mit Bodylotion und Duschhauben gesammelt habe, um mich – und auch all meine Gäste – für den Rest unseres irdischen Lebens damit zu versorgen.

Da ich noch nie jemand war, der leichtfertig etwas weggeworfen hat, ich aber gleichzeitig auch für mein Organisationstalent bekannt bin, ist jede einzelne der übergroßen Plastiktüten aufs Genaueste beschriftet, damit man sofort weiß, was sich darin befindet. Hotels denken ganz offensichtlich nicht an die Teilnehmer bei *The Biggest Loser*, wenn sie ihre Begrüßungskörbchen bestellen, und so gelingt es einem allenfalls, zwei oder vielleicht auch drei Portionen Shampoo aus der kleinen Flasche zu drücken, die selbst die großzügigsten Häuser zur Verfügung stellen. Dasselbe gilt für die Mini-Bodylotions, die umso schneller aufgebraucht sind, je mehr Körperoberfläche man aufzuweisen hat. Was bei dem einen der Rumpf ist, ist bei dem anderen nur der große Zeh. Seife hingegen, selbst wenn es sich nur um ein fingergroßes Stück handelt, kann für mehrere ausgiebige Körperreinigungen reichen, es sei denn, man duscht ungewöhnlich lange oder besteht, wie mein Mann, stets darauf, zwei Stücke gleichzeitig zu verwenden. Glücklicherweise haben die Duschhauben, die man in kleinen Schächtelchen bekommt – auch wenn das Material ein wenig empfindlich ist –, eine Einheitsgröße. Ich selbst benutze zwar keine Duschhaube, dennoch besitze ich inzwischen eine eindrucksvolle Sammlung davon, man kann ja schließlich nie wissen, ob nicht irgendjemand, der diese Hauben tatsächlich benutzt, zum Duschen vorbeikommt.

Die Großzügigkeit der Hotels hört bei den Toilettenartikeln nicht auf. Ich habe mittlerweile so viele Schokoladenstückchen, die auf meinem Kopfkissen gelegen hatten, gesammelt, dass nach deren Verzehr selbst ein gesunder Mensch in ein diabetisches Koma fallen würde. Ich muss zugeben, dass keine großen Anstrengungen nötig sind, um die verschiedenen »Hotels« auf einem Teller zu arrangieren und sie als kleinen Nachtisch zu servieren. Für mich sind das köstliche Erinnerungen. Meine Kinder hingegen sagen, sie wären nur noch klebrig.

Wenn ich an meine Reisen zurückdenke, so kann ich mit Fug und Recht behaupten, dass all das Geld, das ich für sie ausgegeben habe, in Form von Naturalien, die in Zeiten wie diesen in keiner Weise bagatellisiert werden sollten, zurückgeflossen ist. Es ist kein Geheimnis, dass es ein klein wenig teurer ist, in der Businessclass zu fliegen, als in der Economyclass. Unter dem Strich aber lohnt es sich doch. Es ist wie bei einem Besuch in einem teuren Restaurant. Man bezahlt zwar sechsundzwanzig Dollar für das Steak, aber es ist so riesig, dass man sich gut und gerne die Hälfte davon »für den Hund« einpacken lassen kann. In Wirklichkeit isst man natürlich die andere Hälfte am nächsten Tag zum Mittagessen, was wiederum bedeutet, dass das Dinner nur dreizehn Dollar und das Mittagessen am nächsten Tag überhaupt nichts gekostet hat (siehe: Bulldog, »Life With Father«).

Auf die kleinen Geschenke in der Businessclass übertragen heißt das, dass man nicht nur kostenlose Ohrstöpsel bekommt – nein, man bekommt auch eine Schlafmaske, zusammenfaltbare Slipper; eine winzig kleine Tube Zahnpasta und eine Minizahnbürste, die

perfekt geeignet ist für ein paar vorstehende Front-
zähne (wenn Sie versuchen, die Zähne weiter hinten
zu putzen, laufen Sie Gefahr, die Bürste zu verschlu-
cken). All das ist ordentlich in einem phantastischen
marineblauen oder schwarzen wasserfesten Täschchen
verpackt, das man, würde nicht der Name der Flug-
linie in arabischen, kyrillischen oder indischen Lettern darauf prangen, ohne Weiteres für eine Tasche
von Gucci halten könnte.

Warten Sie. Ich glaube, ich habe noch nicht die
Nähetuis erwähnt, die man sowohl von Hotels als
auch von Fluglinien bekommt, wenn man in der
Luxusklasse fliegt. Im Laufe der Jahre habe ich wahrscheinlich alle diese hübschen kleinen Mäppchen ein-
gesammelt, die im Umlauf waren und in denen sich
nicht nur schwarzer und weißer Faden befindet, sondern manchmal auch eine Farbe, die zufällig zu dem
Kleidungsstück passt, das ich gerade flicken will. In
den wunderbaren Tagen des Bullenmarktes war ich –
wie ich zugeben muss – nicht sicher, ob es wirklich
sinnvoll war, all diese kurzen Fäden aufzuheben. Jetzt
aber, da die Bären übernommen haben, bin ich jedes
Mal dankbar dafür, dass ich nicht auf meine finan-
ziellen Reserven zurückgreifen muss, nur um einen
heruntergetretenen Saum anzunähen. Und mit einer
starken Lupe gelingt es mir sogar, das Nadelöhr zu
finden.

Eines der Dinge, die mir in diesen wirtschaftlich
schwierigen Zeiten am meisten Sorgen machen, ist

die Tatsache, dass die jüngere Generation so schlecht darauf vorbereitet ist, sich an einen weniger verschwenderischen Lebensstil anzupassen. Wenn sie den letzten Rest nicht ohne größere Mühe aus der Zahnpastatube herausquetschen können, nun, dann werfen sie sie einfach weg. Aus. Vorbei. Es wird eine neue gekauft. Raten Sie einmal, wie viele Haarwäschen ich noch aus einer Flasche herausgeholt habe, von der meine Töchter, die bei mir zu Besuch waren, steif und fest behaupteten, sie sei leer?

Bären oder Bullen: Ich bin zuversichtlich, dass ich alle Schwankungen des Marktes unbeschadet überstehen werde. Ich brauche nur meinen Schrank, meine Schublade oder einen meiner sonstigen Vorratsbehälter zu öffnen, und schon liegen Hunderte von Cremes, Lotionen und Waschmitteln, wenn auch nur in Minigrößen, vor mir.

Ich brauche nicht in ein Geschäft zu gehen. Bei meinen Kindern und *deren* Kindern bin ich mir da jedoch nicht so sicher. Sie verfügen nicht über die schier unerschöpflichen Vermögenswerte ihrer Mutter, entweder weil sie die großzügigen Gaben, die man ihnen im Hotel (Flugzeug) oder sogar auf den Damentoiletten in den feinen Restaurants anbot, einfach liegen ließen, oder weil sie, ohne dabei auch nur einen einzigen Gedanken an die Zukunft zu verschwenden, bei ihren Übernachtungen im Marriott sowohl die Handseife als auch die Badeseife benutzten.

Während sie jetzt hilflos zur Kenntnis nehmen müssen, wie man ihre Altersvorsorge Jahr für Jahr kürzt, gibt es für sie nur eine einzige Antwort. Sie werden ihre Lebenseinstellung ändern müssen. Meine größte Sorge ist dabei: Erkennen sie überhaupt ihr Dilemma?

»Das Alter nimmt uns alles, sogar den Verstand.«

Vergil

192 Seiten. ISBN 978-3-442-37782-4

Wenn die erste 13-Jährige Ihnen einen U-Bahn-Platz anbietet, wenn Sie drei Tage brauchen, um nach einem Kneipenabend wieder geradeaus schauen zu können, wenn Sie anfangen, Ihre Bettwäsche zu bügeln, und Sie zehn Jahre älter sind als der Spitzensportler, der gerade seine aktive Karriere beendet, dann ist es so weit: Sie werden alt!

Glücklich leben?
So wird ein Schuh draus!

320 Seiten. ISBN 978-3-442-37704-6

Sie lieben das Leben – und schöne Schuhe? Sie möchten einfach nur glücklich sein, verlieben sich aber immer wieder in den Falschen? Eigentlich mögen Sie Ihr Aussehen, kaufen aber trotzdem die neuste Anti-Faltencreme? Oder überziehen Ihr Konto, um das dritte perfekte kleine Schwarze zu kaufen? Philosophieren auch Sie gern bei einer ganzen Packung Chips darüber, wo Ihre Taille geblieben ist? Dann sind Sie genau die Richtige für Peta Mathias und ihren gesunden Frauenverstand! Inspirierend, klug und unwiderstehlich witzig: *Wer weiter sehen will, braucht höhere Schuhe* ist das absolute Must-have für jede Frau mit Wünschen und Widersprüchen.